| 함께 사는 세상 18 |

초판 1쇄 발행 2015년 8월 5일 | **초판 4쇄 발행** 2023년 7월 26일
글쓴이 류재숙 | **그린이** 이진아
사진 위키미디어 공용, 서울시, 원주 한살림 생협, 성미산학교
펴낸이 홍석 | **이사** 홍성우
편집부장 이정은 | **편집** 조유진 | **디자인** 권영은 | **외주디자인** 신영미
마케팅 이송희 | **관리** 최우리, 김정선, 정원경, 홍보람, 조영행, 김지혜
펴낸곳 도서출판 풀빛 | **등록** 1979년 3월 6일 제 2021-000055호
주소 서울특별시 강서구 양천로 583 우림블루나인 A동 21층 2110층
전화 02-363-5995(영업) 02-362-8900(편집) | **팩스** 070-4275-0445
전자우편 kids@pulbit.co.kr | **홈페이지** www.pulbit.co.kr
블로그 blog.naver.com/pulbitbooks | **인스타그램** instagram.com/pulbitkids

ⓒ 류재숙, 2015

ISBN 978-89-7474-465-6 74330
　　　978-89-7474-913-2 (세트)

이 도서의 국립중앙도서관 출판시도서목록(CIP)은 서지정보유통지원시스템홈페이지(http://seoji.nl.go.kr)와
국가자료공동목록시스템(http://www.nl.go.kr/kolisnet)에서 이용하실 수 있습니다.(CIP제어번호:CIP2015019334)

*책값은 뒤표지에 표시되어 있습니다.
*파본이나 잘못된 책은 구입하신 곳에서 바꿔 드립니다.

품명 아동 도서　　　　　**사용연령** 9세 이상
제조국 대한민국　　　　　**제조년월** 2023년 7월 26일
제조자명 도서출판 풀빛　　**연락처** 02-363-5995
주소 서울특별시 강서구 양천로 583 우림블루나인 A동 21층 2110호
주의사항 종이에 베이거나 긁히지 않도록 조심하세요.
　　　　　책 모서리가 날카로우니 던지거나 떨어뜨리지 마세요.
KC마크는 이 제품이 공통안전기준에 적합하였음을 의미합니다.

함께 사는 세상 18

둥글둥글 지구촌

협동조합 이야기

류재숙 글 | 이진아 그림

풀빛

작가의 말

새로운 경제, 새로운 기업을 위한 실험
협동조합

　우리는 기업이라고 하면 돈을 많이 벌기 위한 것이고, 경제는 높은 성장이 목적이라고 생각하지요. 그런데 기업이 많은 돈을 벌어들이고, 경제가 높은 성장을 쫓아가는 동안 이상한 일들이 일어났어요. 기업은 부유해지는데 사람들의 빚은 늘어 가고, 경제가 성장할수록 사람들은 더 가난해지는 거예요.

　이런 일은 왜 생겨난 걸까요? 그것은 기업과 경제에 '사람'에 대한 생각이 빠져 있기 때문이지요. 기업과 경제가 사람이 아니라 돈을 위해 움직일 때, 이런 일들이 일어나는 것은 당연한 일이에요. 지금 우리가 살고 있는 사회는 돈(자본)이 지배하는 자본주의 사회이고, 기업과 경제도 돈을 목적으로 굴러가고 있어요.

　흔히 '돈이 돈을 버는 세상'이라고 해요. 돈을 가진 기업이나 부자들은 더 많은 재산을 가지게 되고, 반대로 돈이 없는 사람들은 아무리 열심히 일해도 가난해질 수밖에 없다는 거지요.

　그러다 보니 세계 1%의 부자가 전 세계 재산의 절반을 가지고 있고, 반대로 80% 사람들의 재산을 다 합쳐도 고작 6%에 불과하다고 해요. 우리나라도 상위 10%의 부자가 벌어들이는 소득이 하위 10%의 가난한 사람의 10배가 넘지요.

이제 우리는 어떻게 해야 할까요? 지구상에 있는 돈을 모두 없애거나, 우리가 돈이 없는 세상으로 떠나는 방법밖에 없을까요? 돈이 지배하는 세상을, 사람이 행복한 세상으로 만드는 방법은 없을까요? 사람이 경제를 위해 일하는 게 아니라, 경제가 사람을 위해 일하는 구조 말이에요. 돈이 사업의 목적이 아니라, 사람이 사업의 목적인 기업 말이지요.

협동조합도 돈을 벌고 사업을 한다는 면에서, 다른 기업과 마찬가지인 기업이에요. 그러나 협동조합은 돈을 벌지만, 돈이 목적이 아니라 '사람의 행복한 삶'이 목적이지요. 협동조합은 사업을 하지만, 다른 기업과 경쟁하는 방식이 아니라 '협동하는 방식'으로 사업을 해요.

협동조합은 지금과 다른 사회, 다른 경제, 다른 기업을 위한 하나의 실험이에요. 그리고 협동조합만으로 새로운 사회, 새로운 경제, 새로운 기업을 만들 수는 없어요. 그러나 협동조합과 같은 새로운 실험과 다양한 시도를 통해서 우리는 지금보다 좋은 사회, 좋은 경제, 좋은 기업을 가질 수 있을 거예요.

류재숙

차례

작가의 말 4

1장 협동조합이 뭐지?

경제 위기에 강한 협동조합 10
일반 기업과 협동조합 기업 15
99%를 위한 착한 기업, 협동조합 20
자본주의 사회와 협동조합의 탄생 25

2장 세계의 농업 협동조합

세계 농업의 50%를 차지하는 농업 협동조합 32
썬키스트 : 미국의 오렌지 협동조합 34
제스프리 : 뉴질랜드의 키위 협동조합 38
아물 : 인도의 우유 협동조합 43

3장 세계의 노동자 협동조합

노동자의 일자리를 만드는 노동자 협동조합 50
몬드라곤 : 스페인의 노동자 협동조합 52
캄스트 : 이탈리아의 급식 협동조합 59
이타미 워커스콥 : 일본의 실업자와 노인 협동조합 63

4장 세계의 소비자 협동조합

많은 이익보다 좋은 물건! 소비자 협동조합 70
미그로 : 스위스의 소비자 협동조합 73
콥이탈리아 : 이탈리아의 소비자 협동조합 80
MEC : 캐나다의 등산용품 협동조합 84

5장 세계의 금융 협동조합

서민들의 은행, 금융 협동조합 92
라이파이젠 은행 : 독일의 협동조합 은행 96
라보 은행 : 네덜란드의 협동조합 은행 100
그라민 은행 : 방글라데시의 협동조합 은행 106

7장 세계의 공동 이용 협동조합

육아, 교육, 주택, 의료, 에너지의
공동 이용 협동조합 136
성미산 어린이집 : 한국의 공동육아 협동조합 138
무리 : 이탈리아의 주택 협동조합 146
비도우레 : 덴마크의 풍력 협동조합 151

6장 세계의 사회적 협동조합

어려운 이웃을 위한 사회적 협동조합 114
카디아이 : 이탈리아의 돌봄 서비스 협동조합 120
논첼로 : 이탈리아의 정신 장애인 협동조합 125
코펜하겐 벌꿀 협동조합 : 덴마크의 노숙인 협동조합 130

9장 세계의 협동조합 도시

도시 전체가 협동조합으로 운영되는
협동조합 도시 182
이탈리아의 볼로냐 : 유럽 협동조합의 수도 186
캐나다의 퀘벡 : 지역 경제를 살린 협동조합 193
한국의 원주 : 우리나라 협동조합의 희망 199

8장 세계의 문화 예술 협동조합

문화 예술 활동을 위한 문화 예술 협동조합 158
바라카 : 이탈리아의 어린이 연극 협동조합 162
FC 바르셀로나 : 스페인의 축구팀 협동조합 168
AP 통신 : 미국의 언론 협동조합 175

협동조합이 무지?

자, 협동조합이 뭔지 아는 사람! 여러분은 대부분 처음 들어 본 말일 거야. 그러면 썬키스트 오렌지는 알아? 제스프리 키위는? 축구 선수 리오넬 메시가 있는 FC 바르셀로나는 어때? 다들 한 번쯤 들어 본 것이고, 잘 알고 있는 친구들도 많지?

그래! 오렌지 주스로 유명한 미국의 썬키스트, 키위로 유명한 뉴질랜드의 제스프리, 세계 최고의 축구 구단 FC 바르셀로나는 모두 협동조합이야. 세계 10억 명의 사람들이 가입해 있는 협동조합은 우리가 생각한 것보다 훨씬 우리 가까이 있어.
그렇다면 협동조합이 대체 무엇일까? 1장에서는 협동조합이 대체 무엇인지 알아보려고 해.

먼저 최근 들어 협동조합이 사람들에게 화제가 된 이유를 알아볼 거야. 그리고 협동조합도 기업이라는데 다른 기업하고는 뭐가 다른지를 살펴보려고 해. 마지막으로 협동조합이 어떻게 해서 탄생하게 되었는지 협동조합의 역사도 알아보자!

경제 위기에 강한 협동조합

세계가 협동조합을 지지하는 이유는?

세계는 지금 협동조합 열풍이 불고 있어. '협동조합의 전성시대'라고 할 만하지. 세계 여러 국가들의 연합 기구인 국제 연합(UN)은 2012년을 '세계 협동조합의 해'로 정했어. 그리고 "협동조합은 더 나은 세상을 만든다."고 협동조합을 지지하고 나섰어. 국제 연합은 왜 협동조합을 지지하고 있을까?

또 우리나라도 2012년 12월 협동조합 기본법이 만들어져, 5명만 모이면 협동조합을 만들 수 있게 되었어. 특히 서울시와 광주시는 '협동조합 도시'를 목표로, 시민들이 협동조합을 만들고 운영하는 것을 적극 지원하고 있지. 그래서 협동조합 기본법이 시행된 지 1년 만에 3천 개가 넘는 협동조합이 만들어졌어. 왜 우리나라는 협동조합을 활성화하려고 할까?

국제 연합과 우리나라가 협동조합을 지지하는 것은, 협동조합이 현재의 경제 위기를 해결할 수 있는 훌륭한 방법이라고 생각하기 때문이야.

우리나라는 2012년 12월 협동조합 기본법이 만들어져서 5명만 모이면 협동조합을 만들 수 있게 되었어.

요즘 사업이 어렵다, 장사가 안된다, 먹고 살기 힘들다, 취직하기 힘들다는 이야기를 자주 듣지? 모두 경제가 어려워져서 생기는 일이야. 경제가 어려워지면 사업이나 장사도 안되고 문 닫는 회사도 생겨서, 실업자가 많아지고 일자리는 줄어들어 취직하기 힘들게 되지.

2008년 미국에서 시작된 경제 위기는 전 세계로 확산되었고, 그 여파가 아직도 계속되고 있어. 전 세계는 이런 경제 위기를 해결할 수 있는 방법에 대해 고민하기 시작했고, 그래서 찾아낸 방법 중의 하나가 바로 '협동조합'이야. 협동조합이 세계적으로 불어닥친 경제 위기를 훌륭하게 극복하고 있는 것을 보면서, 협동조합에 주목하기 시작했던 거야.

경제 위기에 강하고,
일자리를 지키는 협동조합!

　　2008년 경제 위기로 전 세계의 수많은 은행과 기업이 파산하고, 아일랜드, 아이슬란드는 국가 전체가 경제적 파산에 이르는 국가 부도 위기에 처하기도 했어. 그래서 지구상에서 5천만 개의 일자리가 사라졌고, 하루에도 수만 명이 일자리를 잃고 생계를 걱정하는 빈곤층으로 떨어졌지.

　　그런데 수많은 기업이 문을 닫는 동안에도, 협동조합으로 만든 기업과 은행은 경제 위기를 잘 견디고 빠르게 회복되었지. 영국의 경우 일반 기업은 65%가 살아남았지만, 협동조합은 98%나 살아남았어. 대표적인 협동조합 은행인 네덜란드의 라보 은행나 스위스의 라이파이젠 은행은 오히려 고객과 예금이 늘어났어.

　　또한 많은 기업이 사람들을 해고하고 실업자를 만들어 내는 동안, 협동조합은 일자리를 지키고 오히려 일자리를 늘리기도 했어. 스페인의 대표적 협동조합 몬드라곤은 단 한 명도 해고하지 않았고, 무려 1만 5천 개의 새로운 일자리를 만들었어. 독일에서도 2008년에 다른 해보다 두 배나 많은 250개의 협동조합이 만들어져서 가장 어려운 때에 값진 일자리를 만들었지. 그리고 회사가 파산 위기를 맞게 되자, 협동조합을 만들어 회사를 다시 살려 내기도 했어.

이 밖에도 협동조합은 경제 위기를 극복하고 사람들을 돕기 위해 앞장섰어. 노동자 협동조합은 일자리를 늘리고, 소비자 협동조합은 식료품과 생활용품의 가격을 내리고, 금융 협동조합은 돈을 빌릴 때 이자를 낮추어 주었지. 협동조합의 이런 모습을 보면서 전 세계가 지지하는 것은 당연하겠지?

 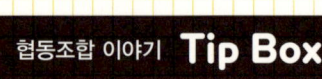

우리 곁의 협동조합
농협, 수협, 신협, 생협

협동조합이 낯설다고 생각하는 친구도 길을 가다가 혹은 텔레비전에서 농협, 수협, 신협, 생협을 본 적이 있을 거야. 농협은 농업 협동조합의 줄임말인데, 농산물을 생산하는 사람들의 협동조합이야. 마찬가지로 수협은 수산업 협동조합인데, 바다에서 나는 수산물을 생산하는 사람들의 협동조합이야. 신협은 신용 협동조합으로, 협동조합 은행이야. 생협은 생활 협동조합인데, 소비자들이 좋은 물건을 공동으로 사기 위해 만든 협동조합 매장이야.

세계 10억 명이
협동조합에 가입해 있다고?

우리에겐 낯설지만, 세계적으로 협동조합이 얼마나 많은지를 알면 깜짝 놀랄걸! 협동조합의 세계 기구인 국제 협동조합 연맹(ICA)에 따르면 전 세계 100개국에 140만 개의 협동조합이 있고, 협동조합을 이용하는 조합원은 10억 명에 이른다고 해. 세계의 인구가 70억 명이라고 했을 때, 7명 중에 1명이 협동조합의 조합원인 셈이지!

전 세계적으로 보면, 사람들은 살아가는 데 필요한 상품과 서비스의 50%를 협동조합을 통해 얻고 있어. 협동조합 회사에서 일하고, 협동조합 마트에서 물건을 사고, 협동조합 은행에서 돈을 빌리고, 주택 협동조합으로 집을 짓고, 아이들도 협동조합 유치원에 다니고 말이야.

일반 기업과 협동조합 기업

협동조합은 조합원이 주인이야

경제 위기에 강하고 일자리를 지킨 협동조합! 우선 협동조합이 무엇인지부터 알아봐야겠지? 협동조합은 '특별한 기업'이라고 할 수 있어. 협동조합도 일반 기업과 마찬가지로, 상품을 만들거나 서비스를 제공하는 '기업'이야. 하지만 협동조합은 일반 기업과 다른 '특별한' 점이 더 많아. 협동조합은 일반 기업과 뭐가 다를까?

먼저, 협동조합은 '조합원이 주인'이야.

일반 기업은 사업에 필요한 돈인 사업 자금을 누가 많이 냈는지에 따라 주인이 결정되지. 그래서 사업 자금을 제일 많이 낸 사장이 주인인 '사장의 회사'야. 따라서 일반 기업은 사장과 직원으로 구분되고, 직원은 사장이 시키는 대로 해야 해.

 그러나 협동조합은 많든 적든 사업 자금을 낸 모든 사람이 주인이야. 그래서 협동조합은 사장이 따로 없고 조합원 모두가 주인인 '조합원의 회사'야. 농업 협동조합은 농민의 기업, 노동자 협동조합은 노동자의 기업, 소비자 협동조합은 소비자의 기업, 금융 협동조합은 예금자의 기업인 거지.

다음으로, 협동조합은 모든 조합원이 '똑같은 권리'를 가져.

일반 기업은 사업 자금을 많이 낼수록 권리도 커지지. 그래서 사업 자금을 많이 낸 사람이 주식을 많이 갖게 되고, 주식에 따라 '1주 1표의 권리'를 가진단 말이야. 사업 자금을 많이 내고 주식이 많은 사람들은 그만큼 권리가 크겠지. 따라서 일반 기업에서는 주식을 많이 가진 몇몇 사람이 중요한 결정을 하고 기업을 좌우하게 되지.

그러나 협동조합은 사업 자금을 낸 모든 조합원이 똑같은 권리를 가져. 그래서 사업 자금을 많이 내든 적게 내든 모든 조합원은 오직 '1인 1표의 권리'만을 가진단 말이야. 사업 자금을 아무리 많이 내도 조합원의 권리는 모두 같아. 따라서 협동조합에서는 모든 조합원이 평등한 권리를 가지고 민주적으로 협동조합을 운영하지.

협동조합은 이익을 다시 기업에 투자해

그리고 협동조합은 '사람이 필요로 하는 것'을 위해 만들어졌어.

일반 기업은 '돈을 많이 버는 것, 더 많은 이익을 남기는 것'이 목적이야. 많은 돈을 벌어 주기만 하면 어떤 상품을 만들든, 어떤 서비스를 제공하든 상관이 없지. 일반 기업은 기업이 만드는 상품, 서비스, 일자리보다도 이익을 더 중요하게 생각하니까.

그러나 협동조합은 '사람이 필요로 하는 상품, 서비스, 일자리' 자체가 목적이야. 좋은 상품이 필요한 사람들이 만든 소비자 협동조합, 주택이 필요한 사람들이 만든 주택 협동조합, 일자리가 필요한 사람들이 만든 노동자 협동조합, 서민이나 중소기업이 대출이 필요해서 만든 협동조합 은행이 모두 그래. 협동조합도 '이익'을 추구하지만, 사람의 '필요'가 우선이라는 거야. 그래서 협동조합은 좋은 상품이나 많은 일자리를 위해서, 오히려 이익은 적게 남기려고 애쓰지.

마지막으로, 협동조합은 이익을 다시 '협동조합을 위해 투자'해.

일반 기업은 더 많은 이익을 목적으로 하기 때문에, 사업에서 생긴 이익을 대부분 '투자자의 이익'으로 가져가지. 그래서 일반 기업에서는 이익이 그대로 기업 외부의 투자자에게 빠져나가게 된단 말이야.

그러나 협동조합은 상품, 서비스, 일자리가 목적이기 때문에, 조합원이 이익을 나눠 가지는 대신 다시 '협동조합의 사업'에 투자해. 그래서 협동조합에서는 이익이 고스란히 협동조합에 남아 다시 투자되는 거지. 농업 협동조합은 농민들의 이익을 위해, 소비자 협동조합은 상품 가격을 낮추기 위해, 노동자 협동조합은 임금을 높이기 위해, 금융 협동조합은 예금자의 이익을 위해, 사회적 협동조합은 장애인이나 노숙인을 위해 사업 이익을 사용하고 있어.

 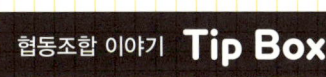

일반 기업과 협동조합은 사업 이익을 어떻게 사용할까?

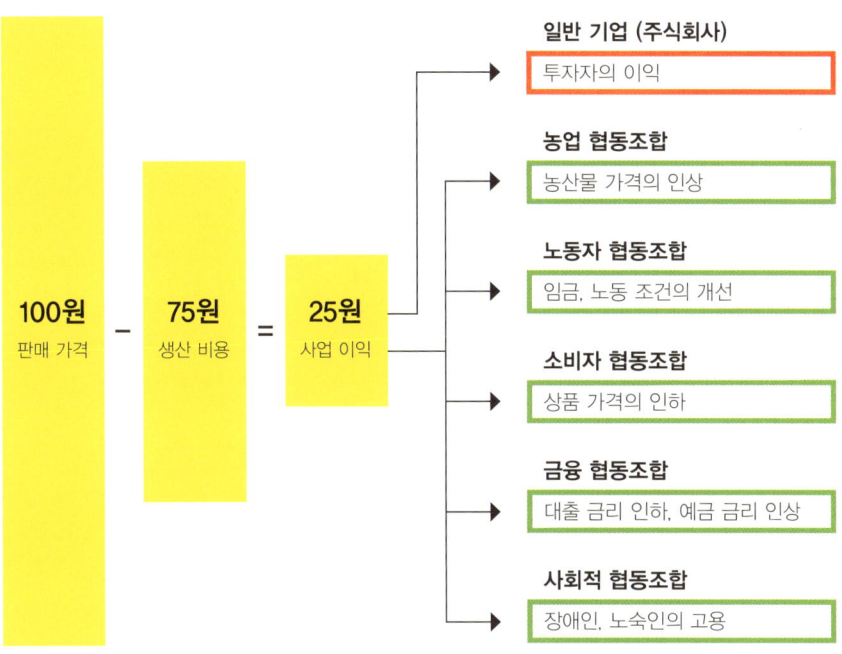

상품의 판매 가격이 100원이고 생산 비용이 75원이라면, 사업 이익은 25원이야. 사업이익이란, 상품 가격에서 생산 비용을 제외하고 남은 이익을 말하거든. 이 사업 이익을 어떻게 사용하는가에 따라 일반 기업과 협동조합으로 나눌 수 있어. 일반 기업은 사업 이익을 투자자의 이익으로 사용하지만, 협동조합은 협동조합 전체를 위해 사용해.

99%를 위한 착한 기업, 협동조합

협동조합은 왜 경제 위기에 강할까?

일반 기업과 다른 특별한 기업, 협동조합! 협동조합의 특별한 방식이 위기가 닥쳤을 때 힘을 발휘했다고 해. 협동조합은 어떻게 해서 경제 위기에 강하고 일자리를 지킬 수 있었을까?

먼저, 협동조합의 사업 방식이 기업을 튼튼하게 했기 때문이야.

일반 기업이 '더 많은 이익'을 내기 위해 위험한 투자를 할 때, 협동조합은 '사람들에게 필요한 상품, 서비스, 일자리'를 만들기 위해 안정적으로 사업을 운영했어. 그리고 일반 기업이 사업에서 생긴 이익을 투자자들에게 나눠 줄 때, 협동조합은 다시 사업에 투자했지. 이렇게 일반 기업의 사업 방식이 기업을 부실하게 만들어 경제 위기 때 파산하게 했다면, 협동조합의 사업 방식은 기업을 튼튼하게 만들어 경제 위기를 잘 넘길 수 있게 한 거야.

다음으로, 협동조합의 운영 방식이 일자리를 지켰기 때문이야.

회사가 어려워졌을 때 '사장의 회사'인 일반 기업은 노동자를 해고하는 것으로 문제를 해결했지만, '조합원의 회사'인 협동조합은 조합원끼리 어려움을 나누고 끝까지 해고를 피하려고 노력했어. 그리고 '사장과 몇몇 사람'이 모든 권한을 갖고 있는 일반 기업은 쉽게 노동자를 해고했지만, '조합원 전체'가 민주적으로 운영하는 협동조합은 쉽게 노동자를 해고할 수가 없었던 거야. 이렇게 일반 기업의 운영 방식이 노동자를 쉽게 해고했다면, 협동조합의 운영 방식은 해고를 막아 노동자의 일자리를 지켰던 거지.

흔히 협동조합을 가족에 비유하는데, 가족이라면 살림이 어렵다고 네 명만 먹고 한 명을 굶기지는 않잖아. 다섯 명 모두 조금씩 소비를 줄이고 허리띠를 졸라매지. 협동조합은 이렇게 가족처럼 위기를 함께 이겨 내는 거야. 감동적이지!

협동조합은 99%를 위한 착한 기업이야

협동조합은 '협동의 논리'로 운영하는 기업이야.

일반 기업은 더 많은 이익을 위해 기업끼리 경쟁하고 노동자끼리 경쟁하게 만들지. 경쟁에서 승리하지 않고서는 더 많은 이익을 남길 수 없기 때문이야. 반면 협동조합은 조합원의 이익을 위해 조합원끼리 협동하고, 협동조합끼리 협동하지. 협동하지 않고서는 협동조합을 성장시키거나 조합원의 이익을 실현할 수 없기 때문이야. 그래서 일반 기업이 '경쟁의 논리'로 운영된다면, 협동조합은 '협동의 논리'로 운영되는 거야.

그리고 협동조합은 '99%의 사람'을 위한 기업이야.

일반 기업은 더 많은 이익인 '자본'을 목적으로 사업을 하지. 반면 협동조합도 돈을 벌지만, 좋은 상품, 좋은 주택, 좋은 유치원, 좋은 일자리 같은 사람의 '필요'가 목적이야. 지구상에 더 많은 이익을 목적으로 하는 자본가가 1%에 불과하다면, 나머지 99%는 행복한 삶이 목적인 사람들이거든. 그래서 일반 기업이 더 많은 이익이라는 '1%의 자본을 위한 기업'이라면, 협동조합은 사람이 필요한 것을 만들기 위한 '99%의 사람을 위한 기업'이지.

무엇보다, 협동조합은 '경제 민주화'를 실현하고 있어.

일반 기업은 1%의 자본을 위해 운영되기 때문에, 빈익빈 부익부라는 '사회 불평등'을 낳게 되거든. 하지만 협동조합은 99%의 사람을 위해 운영되기 때문에, 사회 전체의 '경제 민주화'에 기여하게 되는 거야. 즉, 일반 기업은 경쟁의 논리를 따르기 때문에, 경쟁에서 밀려난 중소기업, 자영업자, 임시직, 실업자를 낳게 되지. 반면 협동조합은 협동의 논리를 따르기 때문에,

중소기업, 자영업이 망하는 것을 막고, 실업자, 임시직이 생기지 않도록 힘쓰는 거야.

따라서, 협동조합은 '공동체'를 강화해. 경쟁의 논리를 따르는 일반 기업은 다른 기업, 다른 사람의 패배를 통해서만 내가 승리할 수 있지. 때문에 경쟁의 논리는 다른 기업, 다른 사람을 적으로 돌려서 공동체를 무너뜨리고 있어. 반면 협동의 논리를 따르는 협동조합은 다른 기업, 다른 사람과의 협동을 통해서만 내가 승리할 수 있어. 따라서 협동의 논리는 기업과 기업, 사람과 사람 사이의 믿음을 통해 공동체를 튼튼히 하고 있지.

협동조합 이야기 **Tip Box**

세계 1%의 부자가
나머지 99%의 사람보다 재산이 많다

2014년 세계 1%의 부자가 가진 재산은 전 세계 부의 절반인 48%인데, 2016년에는 50%가 넘을 거라고 해. 이렇게 되면 1%의 부자가 나머지 99%의 사람보다 재산이 더 많아진다는 거지. 그리고 2014년 세계 20%의 부자가 전 세계 재산의 94%를 가지고 있어서, 나머지 80%의 사람들의 재산을 다 합쳐도 고작 6%에 불과하다고 해. 이렇게 부자와 가난한 사람의 차이가 점점 더 커지는 것은 바로, 지금이 돈(자본)이 지배하는 자본주의 사회이기 때문이야. 돈을 가진 기업이나 부자들은 점점 더 부자가 되고, 반대로 돈이 없는 사람들은 아무리 열심히 일해도 점점 가난해질 수밖에 없는 거지.

자본주의 사회와 협동조합의 탄생

협동조합은 자본주의 사회의 공동체야

협동조합은 우리가 살고 있는 자본주의 사회와 함께 탄생했어. 어떤 시대든 경제적으로 어려운 사람들이 서로 돕는 공동체가 있었는데, 자본주의 사회에서 탄생한 공동체가 바로 협동조합이야.

인류의 역사를 살펴보면 부유한 소수의 사람들이 사회를 지배하고, 가난한 다수의 사람들은 어려운 상황에 놓여 왔지. 그래서 가난한 다수의 사람들은 스스로를 지키고 힘을 모으기 위해 여러 가지 공동체를 만들었어. 농업 사회에서는 농업이 경제 활동의 중심이었기 때문에, 공동체도 농업 형태로 만들어졌는데 우리나라의 계, 두레, 향약, 품앗이 같은 상부상조의 전통이 그것이야. 그러다가 자본주의 사회에서는 기업이 경제 활동의 중심이 되었기 때문에, 공동체도 기업 형태로 만들어졌는데 그것이 바로 협동조합이야.

자본주의 사회는 더 많은 이익을 추구하는 자본이 지배하는 사회야. 그래서 사회가 발전할수록 경제적 부는 1%의 자본을 가진 소수에게 집중되지. 그렇기 때문에 경제적으로 힘이 없는 99%의 대다수 경제적 약자는 힘들게 살아가는 거야. 이러한 상황 속에서 경제적 약자들이 스스로 경제적 이익을 지키기 위해 만든 것이 협동조합이야. 즉, 1%의 자본에 맞서기 위한 출발이며, 99%의 연대를 위한 결과가 바로 협동조합이야!

국제 연합(UN)은 2012년을 '세계 협동조합의 해'로 정하고, 협동조합을 적극 지지했어.

협동조합은 200년의 역사를 가지고 있어

협동조합은 200년에 가까운 역사를 가지고 있는데, 처음에 어떻게 만들어졌을까? 최초의 협동조합은 1844년 영국의 로치데일에서 탄생했는데, 지금은 축구로 유명한 맨체스터 주변에 있는 도시야. 자본주의 초기, 로치데일뿐 아니라 영국의 노동자들은 시끄럽고 위험하고 더러운 공장에서 하루 14시간 이상 일해야 했어. 먹고 살기도 힘들 만큼 적은 월급을 받으면서 말이야. 이런 상태에서 로치데일 지역의 상인들은 식료품을 터무니없이 비싸게 팔았고, 심지어 밀가루에 분필 가루를 섞고 곡물에 모래를 섞기도 했어.

로치데일의 직물 공장에서 일하던 28명의 노동자들은 더 이상 이런 횡포를 견딜 수가 없었어. 그래서 1년에 1파운드씩 돈을 모아 가게를 열고, 밀가루, 설탕, 버터, 오트밀 같은 식료품을 정직한 가격에 팔기 시작했어. 이렇게 노동자들이 스스로 필요한 생활용품을 사고팔기 시작한 것이 최초의 협동조합이자 최초의 소비자 협동조합인 '로치데일 공정개척자 조합'이야.

뒤이어 유럽의 다른 나라에서도 협동조합이 만들어지기 시작했지. 1831년 프랑스에서 최초의 노동자 협동조합인 목수들의 협동조합에 이어 금세공사, 석공, 제빵사들의 협동조합이 만들어졌는데, 안정적인 일자리와 노동 조건의 개선을 위해서였어. 그리고 1849년 독일에서 최초의 금융 협동조합인 라이파이젠 은행이 탄생했는데, 높은 이자 때문에 고리대금에 시달리던 농부들을 보호하기 위해서였지. 이어 1882년 덴마크에서는 최초의 농업 협동조합인 낙농 협동조합이 등장했는데, 세계적인 농산물 가격 하락에 맞서기 위한 공동 행동이었어. 사회적 협동조합은 1963년 이탈리아에서 처음 만들어졌는데, 사회적 약자인 장애인, 노숙인, 알콜 중독자, 이민자의

일자리를 위해서였지.

　이렇게 협동조합의 역사를 보면, 노동자나 농민, 서민, 장애인, 노숙인처럼 경제적으로 가난하고 사회적으로 힘이 없는 사람들이 어려움을 함께 해결하기 위해 협동조합을 만들었다는 것을 알 수 있어.

 협동조합 이야기 **Tip Box**

협동조합의 5가지 모델

협동조합은 조합원이 주인인 기업이기 때문에, 우선 누가 조합원이냐에 따라 협동조합의 종류가 나누어져. 협동조합의 대표적인 5가지 모델은 농업 협동조합, 노동자 협동조합, 소비자 협동조합, 금융 협동조합, 사회적 협동조합이야. 이 가운데 세계 협동조합 운동의 주류를 이루고 있는 것은 금융 협동조합, 소비자 협동조합, 농업 협동조합이지. 이 세 가지 협동조합이 전체 협동조합의 70%, 전체 조합원의 62%를 차지하고 있어.

2장

세계의 농업 협동조합

농업 협동조합은 전 세계 농업 생산량의 50%를 차지하고 있어! 그리고 협동조합 중에서도 가장 많은 수를 차지하고 있는 협동조합의 선두 주자야.

2장에서는 왜 농민들이 협동조합으로 뭉치게 되었는지 살펴볼 거야. 그리고 세계적인 오렌지의 대명사가 된 미국 캘리포니아의 오렌지 협동조합인 썬키스트, 세계 1위의 키위 기업인 뉴질랜드의 키위 협동조합 제스프리, 국민 기업으로 사랑받고 있는 인도의 낙농 협동조합 아물을 차례로 둘러보려고 해. 자, 준비되었으면 농업 협동조합의 농장으로 출발!

세계 농업의 50%를 차지하는 농업 협동조합

농업 협동조합은 농산물을 생산하는 농민이 주인인 동시에 조합원이야. 협동조합 중에서도 가장 많은 수를 차지하고 있지. 그리고 전 세계 농업 생산량의 50%를 차지할 만큼 규모가 커. 세계 어느 나라를 돌아봐도 농업을 이끄는 것은 협동조합이야. 왜 농민들은 협동조합으로 뭉치게 되었을까?

농민들은 대부분 가족들이 함께 소규모 가족 농가를 이루어 농사를 짓고 있지. 그런데 이런 소규모 농가가 큰 유통 업체를 상대로 1년 동안 땀 흘린 농산물값을 만족스럽게 받아 내기는 힘들겠지? 그래서 큰 유통 업체를 상대로 공동으로 대응하기 위해 협동조합으로 뭉치게 된 거야.

또 농민들은 농사는 자신이 있지만, 농산물의 홍보와 판매는 자신이 없는 경우가 많아. 그래서 농산물의 홍보와 판매를 대신해 줄 전문가가 필요하다고 생각했고, 혼자 하기 힘든 홍보와 판매를 공동으로 하기 위해 협동조합을 만들게 된 거지.

　세계의 대표적인 농업 협동조합에는 뭐가 있을까? 미국의 오렌지 협동조합인 썬키스트와 포도 협동조합인 웰치스가 있고, 뉴질랜드의 키위 협동조합인 제스프리와 낙농 협동조합인 폰테라가 있어. 덴마크의 양돈 협동조합인 데니쉬 크라운과 이탈리아의 감자 양파 협동조합인 코메타도 유명해. 인도의 우유 협동조합인 아물이나 우리나라의 치즈 협동조합인 임실 치즈 농협도 훌륭한 협동조합이야.

2장 | 세계의 농업 협동조합

썬키스트 :
미국의 오렌지 협동조합

썬키스트 농장은 없고, 썬키스트 오렌지만 있다?

 '태양(Sun)의 입맞춤(Kissed)'이라는 멋진 이름을 가진 썬키스트(Sunkist)! 오렌지 하면 떠오르는 이름인 썬키스트는 세계적인 오렌지의 대명사야. 우리나라의 대형 마트나 편의점, 슈퍼마켓에서도 쉽게 볼 수 있지. 그런데 썬키스트 오렌지를 생산하는 '썬키스트 농장'이 없어! 그러면 썬키스트 오렌지는 어디서 생산되지?

 썬키스트 오렌지는 '썬키스트 농장'이 아니라, 미국의 캘리포니아와 애리조나에 있는 '6천 개의 농장'에서 생산하고 있어. 6천 개의 오렌지 농장이 함께 '썬키스트 협동조합'을 만들어, '썬키스트'라는 공동 브랜드(상표)로 오렌지를 공동 판매하는 거지. 그러니까 6천 개의 오렌지 농장에서 생산되는 오렌지가 썬키스트라는 하나의 상표를 달고 나오는 거야.

그리고 썬키스트 협동조합은 6천 개의 오렌지 농가가 100% 사업 자금을 내서 만든 기업이기 때문에, 오렌지 농가가 주인이야. 다시 말해 오렌지 농가가 오렌지를 생산하는 생산자이면서, 기업을 소유한 주인이기도 하지. 어쨌거나 세계적인 오렌지의 대명사 썬키스트가 협동조합이라니 놀라울 따름이야!

도매상인의 횡포에 맞선 오렌지 농가들

썬키스트는 "우리는 농민 혼자서 못하는 일은 여럿이 힘을 합쳐서 해낸다."고 해. 이런 정신은 썬키스트 협동조합의 탄생에서 시작되었지. 썬키스트 협동조합은 어떻게 탄생하게 되었을까? 미국의 대륙 횡단 철도를 타고 썬키스트 협동조합의 역사를 따라가 보자.

1877년 미국의 대륙 횡단 철도가 개통되자 오렌지 판매는 생산지인 캘리포니아를 넘어서 미국 전 지역으로 확대되었어. 당연히 오렌지 산업은 크게 성장했지만, 오렌지 농가들은 계속 적자였어. 소비자에게 판매되기까지 중간 유통 단계가 너무 많아서, 이익은 대부분 중간 유통을 담당하는 도매상인들에게 돌아갔기 때문이야. 거기에다 도매상인들은 오렌지 판 돈을 제때에 주지 않고 횡포까지 부렸어.

결국 1893년 몇몇 오렌지 농가들이 '남부 캘리포니아 과일 거래소'를 만들어 직접 판매와 유통에 나섰지. 바로 이 거래소가 오늘날 썬키스트 협동조합으로 발전하게 된 거야. 120년의 역사를 가진 세계적인 농업 협동조합 썬키스트는 이렇게 도매상인의 횡포에 맞선 오렌지 농가들의 협동에서 시작되었어!

세계 최초의 과일 브랜드 탄생

그런데 썬키스트는 어떻게 해서 세계적인 오렌지 기업이 되었을까?

먼저, 협동조합의 취약점인 마케팅에서 멋지게 성공했기 때문이야. 썬키스트는 1900년 초 처음으로 오렌지 광고를 시작했어. 상하기 쉬운 과일을 광고한다는 것은 당시로서는 상상하기 힘든 일이었어. 덕분에 오렌지 판매량은 50% 이상 늘어났지. 이러한 상승세를 타고 1908년부터는 썬키스트라는 세계 최초의 과일 브랜드를 만들었어. 요즘에야 과일이나 농산물 상표가 흔하지만, 당시만 해도 획기적인 일이었지. 그래서 캘리포니아 오렌지는 과일 중에서 세계 최초로 브랜드 이름을 가지게 된 거야.

또한, 엄격한 품질 관리와 다양한 제품 개발도 썬키스트의 중요한 성공 요인이야. 썬키스트 협동조합은 6천 개 농장에서 생산되는 오렌지 중에서

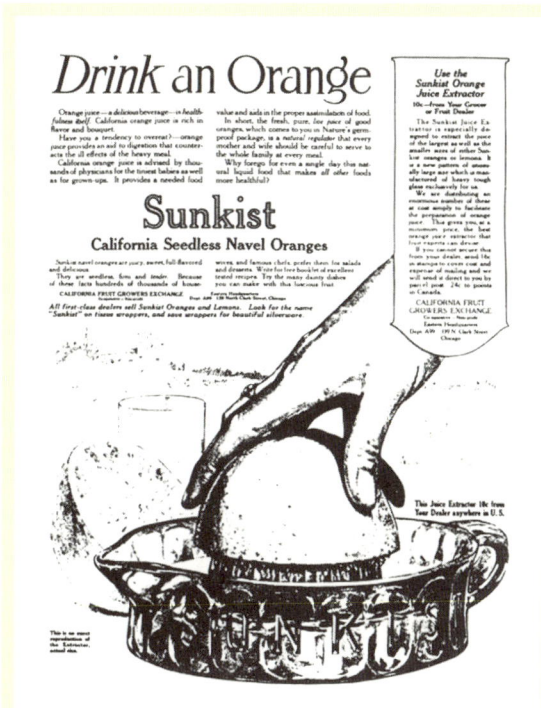

1916년의 썬키스트 오렌지 광고

'오렌지를 마시자(Drink an Orange)' 이 광고는 썬키스트라는 이름만큼이나 유명한 광고야. 그 당시 사람들은 오렌지 껍질을 벗길 때 손이 지저분해져서 오렌지를 까리고 귀찮아 했어. 그래서 썬키스트는 '오렌지를 짜서 주스를 만들어 마시면 어떨까'라는 아이디어를 내서 이 광고를 만들었지. 이 광고가 나가자, 미국 내 오렌지 판매가 50% 이상 폭발적으로 늘었어.

도 최고 품질의 오렌지에만 썬키스트 상표를 사용하도록 허락하고 있어. 그래서 이제 썬키스트 하면 믿고 먹을 수 있는 최고 품질의 오렌지 대명사가 되었지. 또 오렌지를 이용해서 다양한 제품을 개발했는데, 오렌지 주스, 오렌지 음료를 비롯하여 캔디, 스낵, 비타민 같은 6백 종류의 오렌지 제품을 만들었어. 그래서 다양한 취향의 많은 소비자를 만족시킬 수 있었고, 세계적인 오렌지 상표로 인정받을 수 있었던 거야.

제스프리 :
뉴질랜드의 키위 협동조합

'경쟁'이 만든 위기를 '협동'으로 극복

　세계 1위의 키위 수출 기업이자, 뉴질랜드 경제를 이끌어가는 대표 기업, 제스프리! 제스프리는 전 세계 키위의 30%를 생산하고, 70개가 넘는 나라에 키위를 수출하고 있어. 그런데 제스프리가 만들어진 것은, 바로 뉴질랜드의 키위 농부들이 '경쟁' 때문에 생긴 위기를 극복하고 '협동'을 선택한 결과야. 이게 무슨 말이냐고? 그럼 1970년대 뉴질랜드의 키위 농장으로 가 보자.

　뉴질랜드는 수출에 크게 의존하는 작은 나라야. 1970년대에 6개에 불과하던 키위 수출 업체는 1980년대 들어 엄청나게 늘어났고, 수출 업체들 사이에는 키위의 가격을 낮추기 위한 경쟁이 벌어졌어. 키위의 가격을 낮추

려다 보니 키위의 품질은 떨어졌고, 그로 인해 농가의 소득 또한 줄어들었지. 농가에서는 소득이 줄어들자 키위의 가격을 더 낮추게 되고, 이런 악순환은 계속되었던 거야.

이런 경쟁과 악순환이 계속된다면 어떻게 되겠어. 아마 모든 키위 농가들이 망하고 말겠지? 여기에서 벗어나기 위해, 키위 농민들이 선택한 것이 바로 협동조합이었어. 키위 농가들이 모여서 협동조합을 만들고, 하나의 상표, 하나의 업체로 공동 수출하기로 한 거야. 이렇게 해서 1997년에 뉴질랜드 키위의 공동 브랜드 제스프리가 탄생했지. 제스프리 협동조합은 뉴질랜드 키위 농가가 모두 망하는 걸 막고, 함께 살아남기 위한 어쩔 수 없는 선택이었어.

제스프리 협동조합이 만들어지자, 키위 농민들은 하루아침에 지옥에서 천국으로 올라왔고 수출은 10년 사이 2배나 늘었어. 제스프리 협동조합이 만들어 낸 이 변화를 사람들은 '제스프리의 기적'이라고 불러. 이후 제스프리는 세계 수출 시장에서 최고급 키위 브랜드로 독보적인 1위 자리를 차지하게 돼.

수출 창구 단일화법과 착한 독점

 뉴질랜드 정부는 농민들의 노력을 보고, 제스프리 키위만 해외로 수출할 수 있도록 하는 수출 창구 단일화법을 만들어 제스프리를 지원했어. 키위 농가들의 협동조합인 제스프리가 아니면 누구도 뉴질랜드 키위를 수출할 수 없도록 아예 못을 박은 거지. 협동조합이 키위 농가들의 과도한 경쟁을 막고 함께 성장하는 것을 보면서, 뉴질랜드 정부가 제스프리에 힘을 실어 준 거야.

 이렇게 뉴질랜드 정부가 제스프리 협동조합에게 인정한 독점을 '착한 독점'이라고 해. 원래 '독점'이란 몇몇 대기업이 짜고 생산과 판매를 독차지하여, 중소기업이나 작은 상인들이 끼어들지 못하도록 하는 거야. 이런 독점은 대기업만 살찌우고, 중소기업이나 작은 상인들은 불이익을 당하지. 반대로 제스프리의 독점은 경제적 약자인 협동조합을 보호하기 위해 만든 것이기 때문에 '착한 독점'이라고 하는 거야. 제스프리의 착한 독점은 2천700개 키위 농가에게 골고루 혜택을 주고 안정된 수입을 가져다주었어.

 그런데 뉴질랜드의 과일 수출 업체와 키위 수입이 많은 일본 정부는 법적인 소송까지 하면서 뉴질랜드 정부에 압력을 가했어. 제스프리 협동조합에 수출 독점권을 준 것은 공정한 경쟁을 막는 독점이라고 공격했지. 이러한 압력에도 불구하고 뉴질랜드 정부와 대법원은 제스프리의 손을 들어 주었어. 그리고 다른 나라에서도 협동조합을 독점 금지의 예외로 인정하고 있는데, 왜냐하면 협동조합 자체가 소수의 경제적 강자에 맞서 다수의 경제적 약자가 만든 반독점 기업이기 때문이야.

'협동'이 만든 성공, '경쟁'이 낳은 실패

키위 협동조합 제스프리와 낙농 협동조합 폰테라는 이제 뉴질랜드 농업의 대표 기업으로 성장한 협동조합의 훌륭한 모범이야. 반면 양, 사과, 배 산업은 한때 뉴질랜드를 대표했지만, 지금은 내리막길을 걷고 있어. 협동에 실패했기 때문이지.

예전에는 사과, 배도 하나의 업체를 통해서만 수출을 했어. 하지만 농가들이 협동하지 못하고 갈라진 사이, 1999년 사과와 배의 수출 단일화 정책이 깨지고 말았어. 그러자 다음 해인 2000년 한 해에만 100개가 넘는 수출 업체가 새로 생겨났고, 끝없는 경쟁이 시작되었지.

수출 업체의 경쟁은 고스란히 농가의 피해로 돌아왔어. 키위의 경우와 마찬가지로 가격 인하 경쟁, 품질의 악화, 농가의 소득 하락이라는 악순환이 시작되었던 거야. 농가들이 줄지어 파산했고, 10년 전 1천500개에 이르던 사과 농가는 지금 400개로 줄었어. 그리고 양 산업도 한때 뉴질랜드 경제를 이끌었지만 협동조합을 만들지 못하고 내리막길로 접어들고 말았어.

협동을 이루어 낸 키위와 낙농 산업은 성공하고, 협동하지 못한 양, 사과, 배 산업은 실패하고 있어. 경쟁이 산업을 발전시킨다고 하지만, 많은 경우 경쟁은 산업을 약화시키지. 이것만 봐도 '협동'이 '경쟁'보다 힘이 세다는 것을 알 수 있지?

아물 :
인도의 우유 협동조합

인도의 국민 기업이 된 아물 협동조합

　인도의 아물은 젖소를 키우는 3백만 낙농 농가로 이루어진 우유 협동조합인데, 우유, 치즈, 아이스크림, 요거트 등 우유 제품을 생산하고 있어. 아물 협동조합은 1946년 인도 구자라트 지역의 낙농 농가가 원유 가격을 마음대로 조정하는 우유 제조 업체의 횡포에 대항하기 위해 만들었지.

　아물 협동조합은 '인도의 기업'으로, 아물 제품은 '인도의 맛'으로 불리고 있어. '아물'은 산스크리스트어로 '가치를 측정할 수 없이 소중하다.'는 뜻인데, 아물 협동조합은 낙농 농가뿐 아니라 인도 국민 모두에게 소중한 존재야. 아물 협동조합은 어떻게 국민적 지지를 받으며 인도의 국민 기업이 되었을까?

그 이유는 무엇보다도 아물이 인도 농촌의 가난을 해결하고, 인도가 아시아 최대의 낙농업 국가로 성장하는 데 기여했기 때문이야. 이러한 공로를 인정받아 아물의 설립자 베르기스 쿠리엔은 협동조합의 노벨상인 '로치데일 파이어니어상'을 수상하기도 했어.

아물 협동조합이 인도의 국민 기업이 될 수 있었던 또 다른 이유는 아물소녀라는 만화 캐릭터를 앞세운 캠페인으로 인도의 사회 문제를 풍자해 왔

기 때문이야. 그래서 인도 국민들에게 "아물은 단지 제품을 판매하는 것이 아니라, 인도 사회의 옳고 그름의 아이디어를 판매한다."고 평가받았어. 자, 이제 귀여운 아물 소녀를 따라 인도의 국민 기업, 아물 협동조합을 방문해 볼까?

인도 농촌의 가난을 해결한 아물의 '백색 혁명'

아물은 하나의 협동조합이 아니라, 협동조합이 모여서 만든 '협동조합의 연합회'야. 아물 협동조합은 생산부터 가공, 판매, 마케팅까지 농민이 직접 관리하고 있어. 이렇게 정부가 주도하는 사업이 아니라, 농민들이 독립적으로 운영하고 있다는 점에서 아물은 국민적 지지를 얻고 있어.

아물은 협동조합에 컴퓨터 자동화 시스템을 적극 활용했어. 수백만 개에 이르는 작은 낙농 농가들이 인도의 넓은 땅에 흩어져 있었기 때문에, 낙농 농가의 원유를 모으는 것은 정말 어려운 과정이었지. 그래서 컴퓨터시스템을 활용해서 흩어져 있는 낙농 농가의 원유를 모으고, 신선하게 보관하고, 제품을 만드는 전 과정을 자동화시켰어. 지금은 하루에 두 번 1천200만 농가에서 원유를 모아, 200개 제조 공장을 거쳐, 인도 전역의 800개 시장에서 팔고 있어. 나아가 아물의 제품들은 인도를 넘어서 미국과 싱가포르, 아랍 국가에까지 수출하고 있지.

그리고 아물은 우유, 분유, 연유 같은 음료와 버터, 치즈, 스프레드 같은 가공식품, 과자, 아이스크림, 초콜릿, 라세 등 우유로 만든 다양한 제품을 만들어 인도 사람들의 입맛을 사로잡았어. 여기에 유아부터 노년층까지 다양한 연령의 소비자를 위한 제품을 출시하여, 인도 사람들의 일상생활 필수품으로 만들었어.

이렇게 가난하고 작은 수백만의 낙농 농가들이 협동조합으로 뭉치게 되면서, 가난에서 탈출하게 되었어. 사람들은 아물 협동조합이 만들어 낸 기적을 우유의 흰색을 따라서 '백색 혁명'이라고 부르고 있어.

인도의 유명 인사가 된 만화 캐릭터, 아물 소녀

7살의 나이로 이름이 따로 없는 아물 소녀는 파란 머리에 둥근 얼굴을 한 귀여운 만화 캐릭터야. 아물 소녀는 인도 전역의 광고판과 신문 광고에 등장해서, 인도 사람이라면 모르는 사람이 없을 만큼 유명 인사가 되었고 인도 사람이 가장 사랑하는 마스코트가 되었지 뭐야.

이 아물 소녀가 등장하는 광고는 아물 협동조합을 국민 기업으로 만드는 중요한 역할을 했어. 광고를 통해 정치인들의 부정부패, 유명인들의 스캔들, 종교적 갈등, 마약 중독 같은 사회 문제를 비판하고 더 나은 사회를 만드는 데 앞장섰거든. 예를 들어 오래 전부터 종교적으로 대립하던 인도와

파키스탄이 스포츠 경기를 하게 되자 지지 광고를 내걸어 국민의 공감을 얻었지. 또 정치인과 유명인의 비리를 풍자하는 것도 두려워하지 않았어. 올림픽 메달리스트와 과학계의 새로운 연구 발표를 성원하고, 부패에 반대하는 사회 운동가를 지지하기도 했어.

아물 협동조합의 정치 풍자 광고
부패한 정치에 반대하여 단식 투쟁을 하는 운동가에게 아물 소녀가 빵을 건네고 있네!

이렇게 아물 소녀 광고를 통해, 아물 협동조합은 단순한 기업이 아니라 더 나은 인도를 만드는 기업이라는 이미지를 얻게 되었지. 그래서 사람들은 아물 협동조합에 대해 "인도를 반영하는 기업, 인도의 삶을 대표하는 기업"이라고 평가하고 있어. 조합원들의 이익뿐 아니라, 더 나은 사회를 위해서도 관심을 기울이는 아물 협동조합, 정말 훌륭하지?

세계의 노동자 협동조합

'사장이 없는 회사'에 대해 들어 본 적이 있니? '직원이면서 사장인 노동자'는 어때? 이렇게 신기하고 재미있는 곳이 바로 노동자 협동조합이야. 노동자 협동조합은 사장이 없는 기업, 다른 식으로 말하면 모든 직원이 사장인 기업이야. 그래서 노동자 협동조합에서는 노동자가 직원이면서 동시에 사장이지.

3장에서는 일반 기업의 노동자와 노동자 협동조합의 노동자는 어떻게 다른지 살펴볼 거야. 그리고 세계 최고의 노동자 협동조합인 스페인의 몬드라곤과 이탈리아의 급식 협동조합인 캄스트, 일본의 실업자와 노인 협동조합인 이타미를 차례로 가 보자.

노동자의 일자리를 만드는 노동자 협동조합

　　노동자 협동조합은 직원 협동조합이라고도 하는데, 일반 기업과는 두 가지 큰 차이가 있어.

　　먼저, 노동자 협동조합은 노동자의 일자리를 위해 만든 기업이야.

　　모든 협동조합이 노동자의 일자리를 중요하게 생각하지만, 그 가운데서도 노동자 협동조합은 노동자의 일자리 자체가 목적이야. 일반 기업은 더 많은 이익을 얻으려고 기업을 만들고 운영하지. 하지만 노동자 협동조합은 노동자의 일자리를 늘리기 위해 협동조합을 만들고 운영해. 그래서 일반 기업은 기업이 어려울 때 노동자를 쉽게 해고하지만, 노동자 협동조합은 아무리 기업이 어려워도 실업자가 생기지 않도록 모든 노력을 기울여.

　　또한, 노동자 협동조합은 노동자가 직원이면서 동시에 사장이야. 일반 기업은 사장이 사업 자금을 내서 만들었기 때문에, 노동자는 월급을 받고 일하는 직원일 뿐이야. 하지만 노동자 협동조합은 노동자가 사업 자금을 내서 만들었기 때문에, 노동자는 직원이면서 사장이기도 해. 그래서 일반 기업의 노동자에게 가장 중요한 것은 월급이지만, 노동자 협동조합의 노동자에게 중요한 것은 월급보다 협동조합이 잘되는 거야. 협동조합이 잘되면, 조합원의 월급이나 혜택은 자연스럽게 좋아질 테니까 말이야. 그래서 노동자는 자기가 하는 일의 주인이 되어 주체적으로 일하게 되지.

'해고 없는 기업' 몬드라곤 협동조합

세계의 대표적인 노동자 협동조합에는 어떤 곳이 있을까? 해고 없는 기업으로 유명한 스페인의 몬드라곤을 비롯하여, 이탈리아의 급식 협동조합인 캄스트와 프랑스의 목수 협동조합인 파리의 목수들이 있어. 그리고 미국의 항공사 협동조합인 아메리칸 에어라인과 일본의 실업자와 노인 협동조합인 이타미도 유명하지. 또 캐나다의 앰뷸런스 협동조합인 세탐이나 호주의 헤어디자이너 협동조합인 헤어콥, 르완다의 택시운전사 협동조합인 아쎄따모르와 같은 서비스 분야의 협동조합도 있네.

몬드라곤 :
스페인의 노동자 협동조합

'해고 없는 기업' 몬드라곤의 기적

몬드라곤은 스페인 북부 바스크 지방에 있는 작은 도시야. 몬드라곤 협동조합의 역사는 1941년 호세 마리아라는 젊은 신부가 스페인 내전으로 폐허가 된 이 마을에 부임하면서 시작됐어. 당시 몬드라곤은 전쟁 때문에 경제가 무너져서, 주민들은 가난과 실업, 결핵에 시달리고 있었어. 25세의 젊은 호세 신부는 종교적 가르침보다 사회 문제에 관심이 더 많았지.

그는 교육과 노동이 사람들의 삶을 변화시킬 거라고 믿었어. 그래서 먼저 아이들의 교육을 위해 기술 학교를 세우고, 주민들의 일자리를 위해 공장을 만들었지. 1956년 기술 학교를 졸업한 5명의 제자들과 함께 만든 작은 석유난로 공장인 울고가 몬드라곤 협동조합의 시작이야. 울고는 5명의 제자들의 이름을 따서 지은 거라고 해.

몬드라곤은 노동자 협동조합에서 출발했지만, 지금은 제조, 유통, 금융, 지식의 4가지 사업 부문으로 이루어진 세계적인 협동조합 그룹으로 성장했어. 로치데일이 세계 최초의 협동조합이라면, 몬드라곤은 세계 최고의 협동조합이야. 로치데일이 협동조합의 역사를 상징한다면, 몬드라곤은 협동조합의 성공을 상징한다고 할 수 있지.

몬드라곤은 매출 규모에서 스페인 7위 기업이자 고용 규모에서 스페인 3위 기업으로, 8만 3천여 명이 일하고 있어. 그리고 전 세계 41개국에서 289개 기업을 운영하고 있는 세계적인 그룹이야. 이렇게 몬드라곤은 협동조합으로 세계적인 기업을 만든 대표적인 사례야.

특히 2008년 세계적인 경제 위기를 해고 없이 극복하면서 몬드라곤은 전 세계의 주목을 받았어. 여기에 1만 5천 개의 새로운 일자리를 만들어 사람들을 놀라게 했지. 몬드라곤은 2008년 경제 위기 뿐 아니라, 1956년 설립 이후 60년 동안 단 한 명도 해고하지 않았어.

이렇게 한 번도 해고 없이 세계적인 기업이 된 몬드라곤의 역사를 '몬드라곤의 기적'이라고 부르고 있어. 몬드라곤은 노동자의 일자리와 기업의 성장이라는 두 마리 토끼를 모두 잡은 거지. 오히려 '해고 없는 성장'을 통해, 노동자의 일자리가 든든할 때 기업도 성장할 수 있다는 것을 증명했어. 기업이 살아야 일자리가 늘어나는 것이 아니라, 노동자의 일자리가 든든해야

기업이 산다는 것! 몬드라곤의 기적은 어떻게 가능했을까?

몬드라곤의 기적을 만든 '해고 없는 경영'

몬드라곤의 기적은 무엇보다 '노동자의 튼튼한 일자리'가 만든 거야. 몬드라곤 협동조합에서는 어떤 경우에도 해고는 없어. 노동자가 정년이 되어 은퇴하거나 스스로 그만두지 않는 이상, 실업자가 되는 일은 없지. 해고될 걱정이 없기 때문에, 노동자는 더 열심히 일할 수 있고 그것이 기업의 성장으로 이어졌던 거야.

몬드라곤 협동조합은 처음부터 노동자의 일자리를 위해 만들어졌고, 지금도 제일 중요한 목표는 일자리야. 즉, 기업을 위해 노동자를 고용하는 것이 아니라, 노동자의 일자리를 위해 만든 기업이 몬드라곤이지.

경제 위기 속에서도 몬드라곤은 어떻게 해고를 막고 노동자의 일자리를 지킬 수 있었을까?

먼저, 몬드라곤은 그룹 내 '협동조합끼리 연대'해서 해고를 막아 냈어. 몬드라곤도 경제 위기를 거치면서 8천 명이 일시적으로 휴직에 들어가는 어려움을 겪었지만, 아무도 일자리를 잃지 않았지. 다른 협동조합이 자기도 어려웠지만, 휴직자들에게 일자리를 마련해 주었거든. 몬드라곤 그룹의 모든 기업이 이익을 내는 것은 아니지만, 이렇게 이익을 내는 기업이 손실이 난 기업을 도우면서 함께 노동자의 해고를 막고 있어.

또한, 몬드라곤은 '노동자끼리 협동'해서 해고를 막아 냈지. 특히 건설과 가전 협동조합은 힘든 상황을 겪었지만, 아무도 해고하지 않았어. 건설과 가전 분야의 전체 노동자들이 원래 월급의 80%만 받으면서, 해고자를 만들지 않았거든. 이렇게 협동조합이 어려울 때는 전체 노동자가 월급을 줄이거나 노동자들이 돌아가며 1년씩 휴직하면서 해고를 막는 거야.

몬드라곤의 '해고 없는 경영'은 일반 기업의 '고용 없는 성장'과 좋은 비교가 되지. 몬드라곤 협동조합은 아무리 어려워도 노동자를 해고하지 않고, 해고를 막기 위해 끊임없이 새로운 일자리를 만들지. 그러나 대기업들은 어려워지면 언제든지 노동자를 해고하지만, 기업이 성장해도 일자리를 늘리지는 않아. 대신 자동화 기계로 노동자를 대체하지. 노동자의 일자리에 대한 입장이 어떻게 다른지 확실히 알 수 있지?

몬드라곤의 기적을 만든 '평등의 정신'

'노동자 사이의 평등'도 몬드라곤의 기적을 만든 주요 원인이야. 노동자들 사이에 차별이 커질수록, 협동은 힘들어지겠지. 반대로 노동자들 사이가 평등할수록, 협동은 쉬워지고 더 큰 힘을 발휘하게 될 거야. 몬드라곤은 어떻게 노동자 사이의 차별을 막고 평등을 만들어 냈을까?

우선 몬드라곤은 노동자 사이의 평등을 위해 '동일 노동 동일 임금 원칙'을 가지고 있어. 같은 노동을 하는 노동자는 같은 임금을 받아야 한다는 거야. 일반 기업에서는 정식 직원과 임시 직원, 남성 노동자와 여성 노동자, 그 나라 노동자와 외국인 노동자는 같은 일을 하더라도 임금과 대우가 달라. 임시 직원, 여성 노동자, 외국인 노동자는 낮은 임금을 받으며 나쁜 조건에서 일하고 있어.

요즘 일반 기업에서는 임금을 적게 주려고 정식 직원 대신 임시 직원을 늘리고 있어. 그래서 우리나라도 노동자 2명 중에 1명이 임시직인데, 임금도 정식 직원의 절반밖에는 못 받아. 그러나 몬드라곤에서는 임시 직원도 정식 직원과 동일한 대우를 받고, 1년이 넘으면 무조건 정식 직원으로 채용하고 있어.

또, 몬드라곤은 노동자 사이의 평등을 위해 '임금 연대의 원칙'을 따르고 있어. 다른 일을 하는 노동자 사이에도 임금 차이를 줄여야 한다는 거야. 일반 기업에서는 경영자와 평직원, 사무직 노동자와 생산직 노동자, 기술직 노동자와 일반 노동자 사이에 임금과 대우는 차이가 크게 나. 다른 일을 하기 때문에 임금이 같을 수는 없겠지만, 그 차이가 지나치게 크다는 거지.

미국의 경우, 최고 경영자와 일반 노동자의 임금 차이가 평균 300배나 된다고 해. 그러나 몬드라곤에서는 평직원과 경영자, 최저 임금자와 최고 임금자의 임금 차이가 4배를 넘지 않아. 이렇게 임금의 차이를 줄이려고 노력하는 것은, 지나친 임금 차이가 노동자 사이의 불화를 만들기 때문이야.

 몬드라곤의 우수한 인재들은 다른 기업으로 가면 훨씬 높은 임금을 받을 수 있지만, 다른 것으로 보상 받기 때문에 몬드라곤에 남는다고 해. 높은 임금을 포기하고 받는 보상이란, 바로 '동료 간의 애정과 일에 대한 열정'이라고 하니, 정말 멋지지!

 그런데 2013년 몬드라곤 그룹의 파고르 전자가 파산하면서 세계의 관심이 집중되었어. 협동조합도 기업이기 때문에 문을 닫는 일이 생기지만, 파고르 전자의 파산은 특별히 화제가 되었지. 왜냐하면 파고르 전자는 몬드라곤 최초의 협동조합 울고에서 발전한 데다, 유럽의 5대 가전업체에 들 만큼 큰 기업이었기 때문이야.

 파고르 전자의 파산은 협동조합이 스스로를 돌아보는 반성의 계기가 되었어. 파고르가 파산한 이유는 바로 협동조합 방식으로 운영하지 않았기 때문이라고 반성했어. 협동조합은 '조합원'을 위한 기업인데, 파고르는 어느 순간 '더 많은 이익'을 위해 무리하게 기업을 확대하다가 부실해졌다는 거지. 파고르 전자의 경험을 통해, 협동조합은 좀 더 단단해질 거라고 생각해.

캄스트 :
이탈리아의 급식 협동조합

요리사, 웨이터 협동조합에서
이탈리아 제일의 급식 업체로

 다들 학교에서 급식을 먹고 있지? 캄스트는 협동조합의 도시로 유명한 이탈리아 볼로냐의 급식 협동조합이야. 캄스트는 2차 세계대전 직후인 1945년 요리사와 웨이터의 협동조합으로 시작되었어. 70년 전 이탈리아의 볼로냐로 가 볼까!

 여기는 볼로냐의 기차역. 아빠 따라 나온 주근깨가 예쁜 여자 아이가 있네. "안녕! 나는 소피아야. 저기 여행객들에게 파스타와 빵을 팔고 있는 사람이 우리 아빠야. 엄마가 집에서 만든 것을 아빠가 팔고 있지. 원래 우리 아빠는 파스타 식당의 웨이터였는데, 전쟁 때문에 식당도 문을 닫고 이제 실업자가 되었지 뭐야! 전쟁은 끝났지만, 일자리가 없어 걱정이야."

그런데 소피아 아빠는 크게 걱정이 없어 보이는데? "그래! 지금은 실업자이지만, 새로 일자리가 생길 거니까 걱정할 게 없어. 일자리가 없는데 어디서 일자리가 생기냐고? 그래서 우리 스스로 일자리를 만들기로 했어. 요리사와 웨이터를 했던 동료들이 힘을 모아 협동조합을 만들었거든. 이렇게 파스타와 빵을 팔아 모은 돈으로 곧 사업을 시작할 거야."

요리사와 웨이터를 했던 사람들이, 전쟁 직후 일자리 찾기가 어려워지자 협동조합을 만들어 직접 사업을 하고 스스로 일자리를 만들었지. 이렇게 요리사와 웨이터의 협동조합으로 시작된 캄스트는 이제 이탈리아 최대의 급식 업체가 되었어. 1천200개의 관공서, 학교, 병원, 식당에 급식 서비스와 식당 서비스를 제공하고 있어.

캄스트가 지금처럼 성장하게 된 것은 1968년 회사 급식이 의무화되면서부터였어. 회사가 직원의 점심 식사를 의무적으로 제공해야 하는 법이 만들어진 거야. 그래서 따로 구내식당을 만들기 어려운 회사들이 캄스트에 급식 서비스를 요청하면서 캄스트 사업이 크게 확대된 거지.

'고객'보다 '직원'이 우선인 캄스트

일반 기업은 고객 만족이나 사업 성장을 제일 중요하게 생각하지. 그래서 직원들은 고객 서비스를 위해 힘든 일도 참아야 하고, 사업 성장을 위해 적은 월급도 참아야 해. 그러다 사업이 어려워지면 직원부터 해고하기도 하지.

그런데 캄스트 협동조합은 고객이 아니라 직원이 우선이야. 직원의 일자리와 노동 조건, 건강과 문화생활을 더 중요하게 생각하지. 고객이나 사업도 중요하지만, 더 중요한 것이 바로 직원이고 조합원이라는 거야. 직원이 즐겁게 일할 수 있는 기업이 고객 서비스도 사업도 잘할 수 있다는 거지. 이것만 봐도 캄스트가 일반 기업과 어떻게 다른지 잘 알 수 있지?

그래서 캄스트의 직원도 자신을 협동조합의 한 부분으로 느끼고 있어. 캄스트의 조합원으로 있는 요리사 아저씨는 이렇게 말해. "협동조합은 돈이 필요할 때 낮은 이자로 돈을 빌려주고, 또 영화를 보거나 문화생활을 할 때 할인 혜택을 주기도 해요. 그러나 이런 혜택보다, 협동조합과 조합원이 하나라는 일체감이 더 소중하지요."

캄스트도 1978년 직원에게 월급도 못 주고 망할 위기에 처했어. 이때 다른 협동조합에 도움을 요청했지. 그러자 다른 협동조합에서는 식료품 재료는 외상으로 먼저 공급해 주고, 반대로 받을 돈은 나중에 받는 식으로 도왔어.

이렇게 다른 협동조합 덕분에 어려움을 극복할 수 있었던 캄스트는 지역 주민을 위한 활동을 활발하게 벌이고 있어. 문화 행사, 스포츠 행사를 지원하고, 성모승천일, 크리스마스 같은 명절 때는 시청 앞에서 가난한 사람들에게 무료로 음식을 나눠 주기도 해.

또 캄스트의 협동조합 정신이 다른 기업으로 전달되도록 노력하고 있어. 거래 업체가 안전한 작업장인지, 어린아이를 고용한 사업체는 아닌지, 유기농 농산물을 취급하는지 까다롭게 따지고 있지.

그리고 캄스트는 볼로냐에 있는 다른 협동조합과 '카라박 프로젝트'라는 공동 사업팀을 꾸려 어린이집을 만들어 운영하고 있어. 카라박 프로젝트에 대해서는 다음에 카디아이 협동조합을 소개할 때 자세히 알아보기로 해.

# 이타미 워커스콥 : 일본의 실업자와 노인 협동조합

실업자와 노인의 일자리를 위한 협동조합

1994년 간사이 국제공항이 생기면서 오사카 국제공항의 이용자가 줄어들자, 이타미 지역 전체가 휘청거렸어. 왜냐하면 오사카 국제공항은 인구 20만의 작은 도시인 이타미 경제의 중심 역할을 해 왔기 때문이야.

오사카 국제공항의 이용자가 줄어들자, 이타미 경제도 침체되고 일자리도 줄어들어 실업 문제가 정말 심각했어. 이때 실업자의 일자리를 마련하고 지역 경제를 살리는 데 앞장선 것이 바로 이타미 워커스콥이야. 워커스콥(Workers' Coop)은 Workers(일하는 사람들)와 Coop(협동조합)을 합친 말인데, '일하는 사람들의 협동조합' 즉 노동자 협동조합이라는 뜻이야.

이타미 협동조합은 1979년 실업자와 노인의 일자리를 위해 만들어졌어.

일본은 세계에서도 노인 인구의 비율이 가장 높은 나라야. 그래서 노인 문제가 심각하지. 이타미 협동조합은 노인들과 실업자들이 만든 협동조합이야.

이타미 지역의 실업자와 노인들은 '실업자에게 일을!'이라는 구호를 내걸고 스스로 일자리를 마련하기 위해 협동조합을 만들었지. 실업자와 노인이 사업 자금을 내서 회사를 만들어 함께 일하고 회사 경영도 직접 했어.

이타미 협동조합도 그렇지만, 일본의 노동자 협동조합의 조합원은 실업자와 노인이 대부분이야. 왜냐하면 일본은 다른 나라에 비해 실업자와 노인 인구가 많기 때문이지.

일본은 컴퓨터와 자동화 기계가 사람이 하던 일을 대신하고, 점점 사람이 필요 없어지는 '첨단 사회'야. 그래서 2008년 경제 위기 때는 1년 동안

100만 명이 한꺼번에 실업자가 되기도 했어. 그리고 일본은 아이는 낳지 않고 노인은 오래 살아서 인구 전체가 점점 늙어 가는 '고령화 사회'야. 그래서 인구 4명 중 1명이 65세 이상의 노인으로, 세계에서 노인 인구의 비율이 가장 높아.

이렇게 산업이 첨단화되고 사회가 고령화되는 현상은 선진국에서 많이 나타나는데, 일본은 그중에서도 가장 심각한 나라야. 우리나라도 일본과 마찬가지로 실업과 노인 문제가 점점 심각해지고 있지. 선진국일수록 실업자와 노인을 위한 협동조합이 점점 중요해지겠지?

실업자와 노인 인구는 계속 늘어나지만, 오히려 일자리는 계속 줄어들고 있는 가운데 생각해 낸 방법이 바로 협동조합이야. 1971년 이타미가 속한 효고현에 노인의 실업 대책을 위한 '고령자 사업단'이 만들어졌고, 이를 계기로 전국에서 실업자의 일자리를 위한 '실업자 사업단'이 만들어졌지. 이런 노력들이 1986년에 '일본 노동자 협동조합 연합회'로 모아졌어.

지역에 필요한 일을 협동조합 사업으로

이타미 협동조합에는 건물을 짓는 건축가나 건설 노동자도 있고, 보육원이나 유치원 같은 건물을 청소하는 청소부도 있고, 가정의 정원이나 공원을 가꾸는 정원사도 있어. 그리고 가정으로 방문하여 환자를 돌보는 간호사도 있고, 취직을 원하는 사람에게 취업 교육을 하는 선생님도 있어. 이렇게 다양한 조합원들이 있는 이유는, 이타미 협동조합이 그만큼 다양한 사업을 하기 때문이야.

왜 이타미 협동조합은 여러 가지 사업을 하게 된 걸까? 그것은 이타미 협동조합이 처음부터 어떤 사업을 정해 놓고 시작한 것이 아니라, 지역에 필요한 일을 찾아서 그것을 협동조합의 사업으로 했기 때문이야. 이타미 경제가 침체되어 있었기 때문에, 지역에서 꼭 필요한 사업이 아니면 성공할 수가 없었거든. 그렇게 지역에서 필요한 사업을 하다 보니, 사업도 한 가지가 아니라 여러 가지를 하게 되었지.

또한 이타미 협동조합은 조합원뿐만 아니라, 이타미 주민들이 함께 일할 수 있는 일자리 공동체를 만들려고 노력하고 있어. 점점 줄어드는 일자리를 두고 지역 주민들과 같이 고민하고, 사회 활동이 힘든 장애인이나 외부 활동을 꺼리는 은둔형 외톨이에게 일할 수 있도록 취업 교육도 하고 말이야.

이렇게 이타미 협동조합은 협동조합을 넘어서 지역 주민을 생각하고, 일반 기업은 눈을 돌리지 않는 일을 하고 있지. 그러다 보니 자연스럽게 지역 주민들이 이타미 협동조합의 사업에 공감하고 점점 더 많이 참여하고 있어. 이타미 협동조합과 이타미 주민들 사이에 아름다운 협동이 만들어지고 있는 거야!

세계의 소비자 협동조합

보통 우리가 아는 '가게'는 물건을 많이 팔아서 '더 많은 이익'을 남기는 것이 목적이지. 그런데 더 많은 이익보다 '더 좋은 물건'을 사는 것이 목적인 가게가 있어. 파는 사람인 '판매자의 입장'이 아니라, 사는 사람인 '소비자의 입장'에 서 있는 가게가 바로 소비자 협동조합이야. 그래서 세계의 대표적인 소비자 협동조합은 많은 국민들이 조합원으로 가입해서 국민 기업으로 사랑받고 있어.

4장에서는 우리 가정에서 매일 먹는 식품과 생활용품을 판매하는 소비자 협동조합으로 가 보려고 해. 왜 소비자 협동조합은 더 많은 이익을 남기는 것이 목적이 아닌지, 그러면서도 어떻게 해서 국민 기업으로 성장할 수 있었는지 살펴보자. 스위스의 미그로, 이탈리아의 콥이탈리아, 캐나다의 MEC 매장으로 가서 여러 가지 물건을 구경해 볼까?

많은 이익보다 좋은 물건!
소비자 협동조합

소비자 협동조합은 소비자가 좋은 물건을 공동으로 구매하기 위해 만든 협동조합이야. '생활 협동조합' 혹은 줄여서 '생협'이라고도 하는데, 우리 생활과 가장 가까운 협동조합이지. 우리 주변에 있는 마트나 슈퍼마켓 같은 가게를 갖추고 조합원들에게 식료품, 생활용품을 판매하고 있어. 그러나 겉모습은 일반 가게와 같지만 속은 완전히 달라. 어떻게 다를까?

우선, 소비자 협동조합은 '판매자'가 아니라, '소비자'가 주인인 가게야. 일반 가게는 판매자가 더 많은 돈을 벌기 위해 만든 '판매자의 가게'야. 반면 협동조합 가게는 소비자가 더 좋은 물건을 사기 위해 만든 '소비자의 가게'지. 그래서 일반 가게의 판매자와 소비자는 다른 사람이지만, 협동조합 가게의 조합원은 판매자이면서 동시에 소비자야. 그러니 소비자 협동조합이 좋은 물건을 싸게 팔려고 노력하는 것은 당연하겠지?

또한, 소비자 협동조합은 '많은 이익'보다 '좋은 물건'이 목적이야. 요즘 건강에 나쁜 식품이나 질이 나쁜 불량 제품 때문에 문제가 되고 있지? 이것은 모두 '더 많은 돈'을 벌려고 하기 때문에 생기는 일이야. 그러나 협동조합 매장은 '더 좋은 물건'이 목적이기 때문에 좋은 식품이나 질 좋은 물건만 팔려고 노력해.

그리고 소비자 협동조합의 상품은 '광고'가 아니라, '입소문'으로 알려지고 있어. TV, 인터넷, 스마트폰에서 매일 수많은 상품 광고가 쏟아지고 있지? 소비자에게 상품을 알리기 위해 엄청난 비용을 쓰고 있는 거야. 결국 광고 비용은 상품 가격에 보태져서 사람들은 그만큼 비싼 가격으로 물건을 사게 되지. 그러나 협동조합 매장은 돈을 들여 광고하는 대신, 상품을 사용해 본 사람들의 입소문과 믿음으로 조용히 알려지고 있어. 그래서 엄청난 광고 비용 대신 좋은 물건을 싼 가격으로 제공할 수 있는 거야.

세계의 대표적인 소비자 협동조합에는 뭐가 있을까? 유럽에는 스위스의 미그로, 이탈리아의 콥이탈리아, 영국의 코퍼러티브 그룹, 스페인의 에로스키, 노르웨이·덴마크·스웨덴 북유럽 3국이 연합한 콥노르텐이 있어. 아메리카 대륙으로 가면, 캐나다의 MEC와 미국의 콥아메리카가 있지. 그리고 우리나라에도 한살림 생협과 아이쿱 생협이 사랑받고 있어.

미그로 :
스위스의 소비자 협동조합

스위스 국민에 의한, 스위스 국민을 위한, 스위스 국민의 기업

미그로는 유럽에서 두 번째로 큰 협동조합이자, 고용과 매출 모두 스위스 1위 기업이야. '스위스 국민의 절반은 미그로의 조합원'이라고 하는데, 스위스 국민 720만 명 중에 미그로 조합원이 200만 명이나 되기 때문이야. 또 '미그로 키즈(Migros Kids, 미그로 아이들)'라는 말이 있는데, 스위스 아이들 대부분 미그로 조합원인 부모를 따라서 미그로 매장을 드나들면서 자라기 때문이야. 어떻게 해서 미그로는 스위스 국민의 사랑을 받게 되었을까?

미그로는 탄생부터 국민 기업에 걸맞는 아름다운 이야기를 가지고 있어. 미그로는 처음에는 협동조합이 아니라 개인이 만든 일반 기업이었어. 1925

년 미그로를 만든 고트리브 두트바일러는 산이 많은 스위스의 지형 때문에 시장에 가기 힘든 가정을 대상으로 커피, 쌀, 설탕, 파스타, 코코넛 오일, 비누 같은 물건들을 트럭에 실어 팔았지.

두트바일러는 다른 상점보다 40%나 싼 가격으로 물건을 팔아 큰 성공을 거두었어. 중간 상인을 거치지 않고 생산자에게 직접 물건을 사서 팔았기

때문에 물건 가격을 낮출 수 있었던 거야. 양심적인 사업가였던 두트바일러는 중간 상인의 이익을 자기가 가져가지 않고, 소비자에게 돌려준 거지. '미그로'라는 말도 프랑스어로 '도매상인과 소매상인의 중간'이란 뜻인데, 그만큼 싸게 팔았다는 거야.

그러다 두트바일러는 1941년 큰 결단을 내렸는데, 자신이 만든 기업을 스위스 국민에게 기부하기로 한 거야. 그래서 만들어진 것이 미그로 협동조합이고, 두트바일러는 스위스 국민에게 아인슈타인 다음으로 '역사상 가장 중요한 인물'로 존경받고 있어.

미그로의 훌륭한 사업 방식도 국민 기업으로 사랑받게 된 이유야. 고객에게 해로운 물건은 팔지 않는 것을 원칙으로 하기 때문에, 술, 담배, 성인 잡지는 팔지 않아. 그리고 제품에 환경 라벨을 붙여서 고객이 환경에 도움이 되는 물건을 사도록 안내하지. 자동차 이용을 줄이기 위해 미그로 매장도 걷거나 자전거로 오기 편한 곳에 만들고 말이야. 이런 노력 덕분에 미그로는 스위스 국민이 '가장 신뢰하는 기업'에게 주는 상을 세 번이나 받았지 뭐야!

미국의 흑인 노예를 해방시켰던 링컨 대통령의 유명한 말이 있지. '국민에 의한, 국민을 위한, 국민의 정부는 이 지상에서 영원히 사라지지 않을 것이다.' 미그로 협동조합이야말로 '스위스 국민의 참여로 운영되고, 스위스 국민을 위해 존재하는, 스위스 국민의 기업'으로 영원할 거야!

'스위스 1위 기업' 미그로 협동조합 매장

싼 가격, 지역화 전략, 느린 결정!
거꾸로 가는 미그로

미그로는 '더 많은 이익' 대신 '싸고 좋은 물건'을 선택했어.

커피, 설탕, 비누 같은 생활필수품을 일반 기업보다 40%나 싼 가격으로 팔고 있지. 그러다 망하지는 않을까? 열쇠는 바로 협동조합이야! 일반 기업의 투자자가 더 많은 이익을 가져가려고 노력할 때, 미그로의 조합원은 이익을 가져가는 대신 그것을 물건값을 낮추는 데 사용하거든.

그리고 조합원이 더 많은 이익을 기대하지 않기 때문에, 미그로는 수익이 높은 사업, 위험한 사업에 투자하지 않아. 그래서 2008년 경제 위기에도 별다른 영향을 받지 않았고, 경제 위기로 어려워진 서민들을 위해 물건값을 내리기도 했어.

또한, 미그로는 '세계화 전략' 대신 '지역화 전략'을 선택했지.

다른 기업들이 '세계화만이 살 길'이라고 외치고 있는데, 미그로는 스위스 1위 기업인데도 세계화 전략이 없어. 여기서도 이유는 바로 협동조합이야. 일반 기업이 더 많은 이익을 위해 세계로 진출할 때, 미그로는 조합원을 위해 스위스 안에서 은행, 주유소, 여행, 레저 같은 분야로 사업을 확대했어.

미그로의 지역화 정책은 자기 지역에서 생산되는 농산물에 지역 라벨을 붙이는 '지역 라벨 정책'으로 큰 성공을 거두었어. 지역 라벨 정책은 1999년 광우병 공포가 세계를 덮치고 안전한 식품에 대한 요구가 높아지면서 시작되었지. 지역 농민에게는 환경 기준을 엄격히 지키도록 요구하고, 소비자에게는 지역 농산물이 가장 안전한 식품이라는 믿음을 주려고 노력했어. 그 결과 지역 농가에게는 소득 안정을, 조합원에게는 안전하고 품질 좋은 농산물을 제공하게 되었지.

그리고 미그로는 '빠른 의사 결정' 대신 '느린 의사 결정'을 선택했어.

다른 기업에서는 '시간은 돈이다! 무조건 빨리 빨리!'를 외치는데, 미그로는 느리게 결정해. 이것도 협동조합이라서 그래! 미그로는 빨리 결정하는 것보다, 조합원 한 사람 한 사람과 10개 지역 협동조합의 의견을 모으는 것이 더 중요하다고 생각하기 때문이야. '빨리 가려면 혼자 가고, 멀리 가려면

함께 가라.'라는 말이 있지. 멀리 함께 가기 위해서 소수의 빠른 의사 결정 대신, 다수의 느린 의사 결정을 선택한 거야.

 일반 기업은 사장과 본사가 결정하고 직원과 지역은 결정에 따르는데, 이것을 '중앙집권적 의사 결정 방식'이라고 해. 이에 반해 미그로는 조합원과 지역 협동조합의 의견을 모아 본사에서 결정하는데, 이것을 '민주적 의사 결정 방식'이라고 하지. 이런 방식으로 의사 결정을 하기 때문에, 미그로는 위험한 사업이나 환경을 해치는 사업에는 투자할 수가 없어. 조합원들과 지역 협동조합의 찬성을 얻기 힘들기 때문이야.

콥이탈리아 :
이탈리아의 소비자 협동조합

이탈리아에서는
'시장'이 아니라, '콥'에 간다!

"엄마! 오늘 콥에 가는 날 맞죠? 빨리 가요, 엄마."

로마에 사는 안젤로는 얼마 전부터 엄마에게 새 축구화를 사 달라고 조르다가, 드디어 오늘 사러 가기로 했어. 그래서 아침에 눈 뜨자마자 콥에 가자고 엄마의 치마를 붙잡고 졸졸 따라다니는 거야.

그런데 콥이 뭐냐고? 콥(coop)은 이탈리아 말로 협동조합(코페라테. Cooperativa)을 줄인 말인데, 우리나라로 치면 마트나 슈퍼마켓 같은 협동조합 매장이야. 이탈리아에서는 '시장에 간다, 슈퍼마켓에 간다.'고 하는 대신 '콥에 간다.'고 해. 왜냐하면 사람들이 자주 가는 마트나 슈퍼마켓이 대부분 협동조합 매장이기 때문이지.

"안젤로! 그만 좀 따라다녀. 그 사이 콥이 어디로 사라지기라도 하니?"
참다 못한 엄마는 아침 준비를 하다 말고 안젤로를 째려보았지. 콥에 가자면 아침부터 먹어야 할 게 아니겠어?

엄마가 냉장고를 열자 그야말로 '콥coop'의 천국이네. 모짜렐라 치즈,

닭 가슴살, 초콜릿, 과자에 모두 콥 마크가 붙어 있어. 주방에 있는 그릇, 냄비, 프라이팬이나 거실에 있는 TV, 냉장고, 세탁기도 콥에서 산 거야. 그리고 안젤로가 입고 있는 티셔츠, 학용품이나 약품도 콥의 제품이지. 이렇게 이탈리아 가정에서는 식료품과 생활용품을 대부분 콥 매장에서 사고 있어.

이번에 소개할 협동조합은 이탈리아의 대표적인 소비자 협동조합 콥이탈리아야. 콥이탈리아에는 다양한 크기의 매장이 있어. 우리나라 동네 슈퍼마켓 크기의 미니콥에서는 주로 식료품을 팔고, 대형 마트 규모의 이페르콥에서는 가전제품이나 의류 같은 공산품까지 팔고 있지. 그래서 안젤로네 집에서도 보통 때는 동네에 있는 미니콥에서 장을 보고, 한 달에 두세 번은 동네에서 좀 떨어진 이페르콥에 간다고 해.

우리나라에서는 대기업의 대형 마트가 들어서면, 동네 시장이나 슈퍼마켓이 장사가 안되어 문을 닫기도 하지. 그러나 콥이탈리아는 작은 생산업체와 가게가 협동해서 대형 매장을 만들고, 소형 매장과 대형 매장이 사이좋게 협동하고 있어.

좋은 물건, 착한 상품에 붙이는 콥coop 마크

콥이탈리아는 1854년 가난한 공장 노동자들에게 값싸고 좋은 물건을 팔기 위해 만들어진 작은 가게에서 출발했어. 콥이탈리아는 '낮은 가격, 좋은 품질, 공정 거래'라는 3가지 원칙을 중요하게 생각해. 이 원칙 덕분에 160년이 지난 지금 이탈리아에서 가장 큰 유통 업체로 성장했지.

가난한 노동자를 위해 시작되었기 때문에, 아직도 콥이탈리아에서 가장 중요하게 여기는 원칙은 싸고 좋은 물건이야. 그리고 어린이들에게 노동을 시켜 만든 물건은 팔지 않아. 또 이탈리아 국내에서 만든 제품을 주로 팔지만, 가난한 후진국을 돕기 위해 공정한 가격으로 수입한 제품에 대해서는 특별히 취급하고 있어.

이렇게 콥이탈리아는 단지 싸고 좋은 물건이 아니라, 어린이 노동이 들어가지 않은 물건, 가난한 사람들을 위한 물건 같이 '착한 상품'을 판매하지. 왜냐하면 조합원이 원하는 것은 물건을 팔아서 막대한 이익을 남기는 것이 아니라, 좋은 물건을 사는 것이기 때문이야. 좋은 물건이란 물건의 품질 뿐 아니라, 물건을 만드는 과정도 좋아야 한다는 거지.

그래서 콥이탈리아는 값싸고 품질 좋은 제품, 국내산 친환경 제품, 공정 거래 제품에 대해서만 콥 마크를 붙이고 있어. 조합원들도 콥 마크가 붙은 제품을 주로 구입하는데, 콥 마크라면 믿고 살 수 있기 때문이지. 요즘 유해 식품이나 불량 제품 때문에 소비자의 불만이 높아지는 것을 생각하면, 정말 부러운 일이야!

MEC :
캐나다의 등산용품 협동조합

산을 사랑하는
대학 산악부원들이 만든 협동조합

　　MEC(Mountain Equipment Cooperative)는 캐나다 등산용품 협동조합이야. 산이 많은 캐나다의 대표적 협동조합이자, 캐나다 최대의 조합원을 가진 협동조합이지. 캐나다 국민 3천400만 명의 10%가 넘는 360만 명이 MEC의 조합원이야. MEC는 캐나다 국민 10명 중에 1명이 가입해 있을 뿐 아니라, '캐나다에서 일하고 싶은 100대 기업'에 선정될 만큼 좋은 기업으로 알려져 있어.

　　현재 MEC는 캐나다 전국에 16개의 매장을, 그리고 세계 192개국에 인터넷 판매점을 가지고 있어. 누구나 5달러의 조합비만 내면 MEC의 조합원

캐나다는 로키산맥을 비롯하여 산악 지대가 많은 나라야. MEC 등산용품 협동조합은 산이 많은 캐나다의 대표적 협동조합이지.

이 되는데, 5달러 이상은 받지 않고 조합원이 아닌 사람에게는 물건을 팔지 않아.

MEC는 밴쿠버 UBC대학의 산악부원이었던 대학생 6명의 열정과 눈물겨운 고생으로 시작되었어. 요즘에는 많은 사람이 등산을 즐기지만, 1970년 무렵 캐나다에서는 소수의 사람들만 즐기는 스포츠였어. 그러다 보니 전문적인 등산 장비 매장을 찾기가 어려웠고, 등산 장비들도 대부분 비쌌지.

경제적으로 풍족하지 않았던 대학 산악부원들은 암벽 장비 하나를 사기 위해서도 미국 시애틀에 있는 REI 등산장비 협동조합까지 가야 했고, 그 장비를 캐나다로 가져오기 위해 세금까지 물어야 했어. 그래서 이들은 등산 장비를 사서 바로 캐나다로 돌아오지 않고 미국의 로키산맥에서 바위를 타면서 일부러 장비에 흠집을 냈어. 국경을 통과할 때 캐나다에서 쓰던 장비라고 하면 세금을 내지 않아도 되었기 때문이야. 하지만 이 사실을 미국 경찰이 알게 되면서 이것도 끝이 나고 말았어.

그래서 1971년 8월, 짐 바이어스를 포함한 6명의 대학 산악부원은 5달러씩 사업 자금을 내서 학생회관 방을 빌려 등산용품을 팔기 시작했어. 이것이 MEC 협동조합의 시작이야.

사업 경험이라곤 하나도 없었던 대학생들이었기 때문에, 처음 3년 동안은 말도 못하게 고생했지. 정찰 가격보다 싸게 판다는 이유로 공급 업체에서 거래를 중단하기도 했고, 자금이 부족해서 고객에게 주문을 받고 나서 물건을 구입하느라 배달이 늦어지기도 했어. 그러나 6명의 대학생들은 열정적인 노력으로 어려움을 극복했지. MEC의 설립자이자 최초의 조합원이었던 이들은 40년이 지난 지금도 변함없는 조합원이야.

최저가로 파는, 할인이 없는, 써 보고 사는 MEC

MEC가 캐나다 최대의 협동조합이 된 것은, 많은 이익을 추구하지 않는 협동조합 방식에 해답이 있어. 캐나다는 산악 지대나 눈이 많은 나라여서, 캐나다 사람들에게 등산용품은 생활 필수품인데도 너무 비쌌던 거야. MEC는 캐나다 사람들의 이런 불만을 이해하고 등산용품의 거품을 뺀 거지. 그럼 어떻게 비싼 등산용품의 가격을 낮출 수 있었을까?

그것은 이익을 적게 남기기 때문이야. "우리는 조합원이 소유하는 기업이다. 사업을 지속할 수 있을 만큼 최소의 이익만 남긴다." MEC는 조합원에게 좋은 물건을 제공하는 것이 첫째 목표이기 때문에, 꼭 필요한 이익만 남기고 있어. 일반 기업과 달리 더 많은 이익을 남기려고 하지 않으니, 가격을 낮출 수 있었던 거야. 그래서 MEC는 좋은 물건을 팔면서도 캐나다에서 가장 싼 가격을 유지하고 있지.

또 MEC는 할인 행사가 없기로 유명해. 평소에 바가지를 씌우다가, 한꺼번에 많이 팔기 위한 눈가림식 할인 행사는 하지 않아. 평소에 좋은 물건을 최저 가격으로 팔기 때문에, 별도로 할인 행사를 할 필요가 없는 거지. 그리고 MEC의 모든 물건은 하루 써 보고 난 다음 구입을 결정할 수 있어. 물건을 구입하지 않겠다면 하루 사용료만 지불하면 돼.

그리고 MEC는 산을 사랑하는 기업답게 환경을 위해 자금과 노력을 아끼지 않았어. 일반 기업들이 홍보를 위해 환경 보호나 이웃 돕기를 하는 것과는 달랐지. 1987년에 처음 환경 기

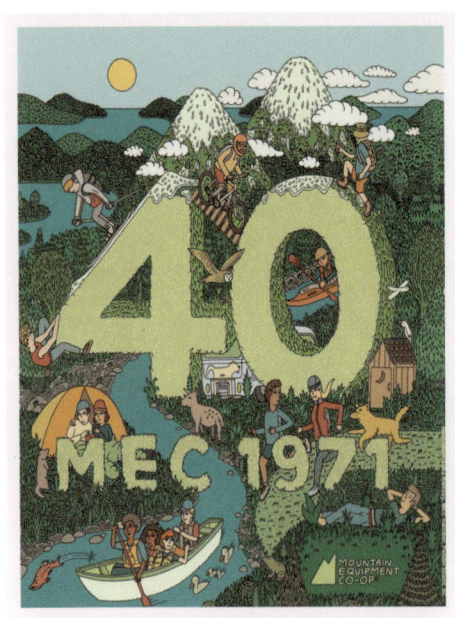

MEC 협동조합 40주년 카탈로그

금을 만들어 훼손될 위기에 처한 브리티시컬럼비아주의 스모크 암벽을 사들였어. 또 2012년에는 캐나다 12개 해안의 보존 기금을 위해 1달러짜리 손가방 4만 개를 판매하는 캠페인을 벌이기도 했어.

 MEC의 등산 의류와 장비는 튼튼하기로 유명한데, 이것도 지구에 쓰레기를 남기지 말자는 배려라고 하는군. 한 번 사서 오래 쓸 수 있는 물건을 만든다면, 당연히 지구에 쓰레기가 줄어들겠지. 그래서 상품 개발에서 제일 중요하게 생각하는 것이 튼튼함이고, 이것을 위해 연구 개발 투자를 아끼지 않아.

 이렇게 좋은 물건을 싸게 파는 최저 가격제, 할인 행사를 하지 않는 정직함, 써 보고 구입할 수 있는 믿음 그리고 지구와 환경을 위한 MEC의 노력! 이것이 캐나다 국민이 MEC를 사랑하는 이유야.

5장 세계의 금융 협동조합

금융 협동조합은 서민들이 편리하게 돈을 빌리기 위해 만든 협동조합 은행이야. 일반 은행에서 돈을 빌리기 어려운 서민과 노동자, 농민, 중산층, 중소사업자가 스스로 목돈을 마련하고 필요할 때 자금을 빌리는 것을 목적으로 하지.

5장에서는 먼저 금융 협동조합이 2008년 경제 위기를 거치면서 세계적인 주목을 받게 된 상황을 살펴볼 거야. 일반 은행이 파산 위기에 내몰리는 동안, 협동조합 은행은 오히려 성장을 계속했거든. 금융 협동조합이 경제 위기에 더 강하고 더 안전한 비결에 대해 알아보려고 해.

가장 모범적인 협동조합 은행인 독일의 라이파이젠 은행, 네덜란드의 라보 은행, 방글라데시의 그라민 은행으로 가 볼까?

서민들의 은행, 금융 협동조합

경제 위기 속에서도 성장한 금융 협동조합

2008년의 세계적 경제 위기는 협동조합이 일반 기업보다 얼마나 튼튼한지를 보여 주었지. 그 가운데서도 특히 주목을 받는 것이 바로 금융 협동조합이야.

2008년 경제 위기는 미국 최고의 금융 회사와 투자 회사들이 높은 수익을 좇아 위험한 사업에 투자했다가 파산하면서 시작되었어. 그 여파가 전 세계로 확산되어 세계적인 경제 위기를 불러온 거야. 그래서 이 경제 위기를 '글로벌 금융 위기'라고 해.

이때 세계의 수많은 은행, 금융 회사, 보험 회사가 파산하고, 잇달아 많은 기업들이 함께 파산했지. 그러나 금융 협동조합은 흔들리지 않고 오히려 성장을 계속했어. 유럽과 미국, 캐나다를 비롯한 대부분의 나라에서 금융 협동조합은 예금이 늘어나고 조합원이 증가했어. 일반 은행의 위험한 투자에 불안감을 느낀 예금자들이 안전한 협동조합 은행으로 이동한 거야.

그래서 2008년에 네덜란드, 핀란드, 독일, 오스트리아, 프랑스, 이탈리아 등 6개 나라에서 협동조합 은행의 비중은 40%에 이르게 되었어. 현재 유럽의 경우 4천200개의 협동조합 은행과 6만 개에 달하는 지점들이 유럽

금융 시장의 20%를 차지하고 있어. 정말 대단하지!

한편, 일반 은행들은 위험한 투자 때문에 생긴 손해를 회복하기 위해, 돈을 빌려주고 나서 받는 대출 이자와 수수료를 높였지. 반면 협동조합 은행은 경제 위기 때문에 힘들어진 지역 사회와 중소기업, 서민 경제를 지원했어. 예를 들어 브라질의 일반 은행이 대출 이자를 8%로 높였을 때, 협동조합 은행은 오히려 4~5%로 낮추었던 거야.

일반 은행과 협동조합 은행은 어떻게 다를까?

금융 협동조합은 돈이 필요한 서민들이 만든 협동조합 은행이야. 우리 주변에서 볼 수 있는 신용 협동조합도 금융 협동조합인데, 줄여서 '신협'이라고 부르기도 해. 금융 협동조합은 세계 100개국에서 5억 명이 조합원으로 가입해 있어서 협동조합 중에서 조합원이 가장 많아.

그런데 어떻게 협동조합 은행은 경제 위기 속에서도 안전했을까?

그건, 일반 은행은 높은 수익을 위해 사업을 하지만, 협동조합 은행은 조합원을 위해 사업을 하기 때문이야. 일반 은행은 높은 수익을 좇아 위험한 사업에 투자했고, 이것이 은행을 부실하게 만들고 전체 경제를 위기에 빠뜨렸어. 그러나 협동조합 은행은 서민, 노동자, 농민을 위해 안전한 사업에 투자했고, 그래서 경제 위기가 닥쳤을 때도 안전했던 거야.

이미 많은 은행이 있는데 협동조합 은행이 왜 필요했을까?

서민들은 일반 은행에서는 돈을 빌리기가 힘들기 때문이야. 일반 은행에서 돈을 빌리기 위해서는 집이나 땅 같은 담보를 맡겨야 하거든. 그러니 집이나 땅이 없는 서민들이나 노동자, 농민, 중소사업자는 돈을 빌리기가 힘들 수밖에 없지. 그래서 높은 이자를 물어야 하는 고리대금을 빌리고, 이자를 갚느라 다시 힘든 상황에 빠지기도 해. 협동조합 은행은 이런 서민, 노동자, 농민, 중소사업자가 스스로 낮은 이자로 돈을 빌리거나 목돈을 마련하기 위해 만든 거야.

세계의 대표적인 금융 협동조합에는 독일의 라이파이젠 은행, 네덜란드의 라보 은행, 프랑스의 크레디아그리콜 은행, 덴마크의 메르쿠르 은행, 핀란드의 OP-포횰라 그룹, 캐나다의 데자뎅 은행, 방글라데시의 그라민 은행이 있어.

라이파이젠 은행 :
독일의 협동조합 은행

세계 최초의 금융 협동조합, 라이파이젠 은행

영국이 소비자 협동조합이 처음 시작된 나라이고, 프랑스가 노동자 협동조합이 처음 시작된 나라라면, 독일은 금융 협동조합이 처음 시작된 나라야. 1849년 농촌의 가난한 농민을 위한 신용 협동조합인 라이파이젠 은행이 시작되었고, 1850년에는 도시 지역의 수공업자, 상인, 노동자를 위한 신용 협동조합인 민중은행이 만들어졌어.

독일의 라이파이젠 은행은 세계 최초의 금융 협동조합이야. 부자들을 위한 은행만 존재하던 당시에, 라이파이젠 은행은 농민, 노동자, 작은 상인, 수공업자 등 가난한 사람들을 위한 최초의 은행이었어. 라이파이젠 은행이 설립된 160년 전 독일로 가 볼까?

라이파이젠 은행은 독일 라인 강변의 작은 농촌인 바이어부쉬의 시장 '프리드리히 빌헬름 라이파이젠'의 이름을 따서 만들어진 은행이야. 가난한 농민들을 사랑했던 라이파이젠 시장은 "농민이 행복해야 국가가 행복하다."는 생각을 가지고 있었지.

　당시 라인 강변의 가난한 농민들은 비료, 농약, 종자를 구입하기 위해 높은 이자를 받는 고리대금을 빌릴 수밖에 없었어. 봄에 높은 이자로 돈을 빌리고, 가을에는 수확한 농산물을 대부분 빚과 이자를 갚는 데 쓰고, 다음 해 다시 돈을 빌리는 악순환이 계속되었어. 결국 농민들은 1년 내내 열심히 농사를 지어도, 고리대금업자에게 모두 갖다 바치고 가난하게 살 수밖에 수 없었던 거야.

라이파이젠 시장은 이러한 가난의 악순환을 끊기 위해 행동에 들어갔어. "여러분 집안에 있는 돈을 동전 한 개까지 모두 모읍시다. 그래서 내년 봄에 어려운 농민들부터 순서를 정해 그 돈을 빌려줍시다. 이자는 고리대금의 절반만 받는 겁니다." 라이파이젠 은행의 역사는 이렇게 시작되었어.

1849년에는 프람멜스펠트 빈농구제조합을 만들어, 농민들이 가축을 구입할 때 필요한 돈을 빌려주고 5년 동안 나누어 갚는 제도를 도입했어. 조합원 60명을 한 그룹으로 묶어, 한 사람이 돈을 빌리면 그 책임을 60명이 나눠지도록 했지. 그래서 같은 그룹에 있는 사람들이 돈을 제때에 갚을 수 있도록 서로서로 도왔어. 이렇게 라이파이젠 은행은 농촌에서 높은 이자를 받는 고리대금을 몰아내고 농민들의 자립을 위한 운동에 앞장섰어.

고리대금에 시달리던 농민들에게 라이파이젠 은행은 희망의 등불이었고, 삽시간에 독일을 넘어 유럽의 농촌으로 그리고 세계로 퍼져 나가게 되었지. 라이파이젠 은행은 160년이 지난 지금 세계적인 연맹으로 발전했는데, 세계 100개국에 걸쳐 90만 개의 협동조합 은행이 국제 라이파이젠 연맹에 소속되어 있어.

세계 경제 위기를 이겨 낸 '라이파이젠 원칙'

2008년 세계적인 경제 위기 속에서도 성장을 계속했던 금융 협동조합의 선두에 라이파이젠 은행이 있어. 일반 은행들이 파산 위기에 내몰리고 고객들이 떠나가는 동안, 라이파이젠 은행은 오히려 새로운 고객이 폭발적으로 늘어났어.

라이파이젠 은행이 경제 위기에도 흔들리지 않고 성장할 수 있었던 것은, '라이파이젠 원칙'에 해답이 있어. 협동조합 은행은 이익을 우선으로 하지 않기 때문에, 외부에서 자금을 끌어오기가 어려웠어. 그래서 라이파이젠 은행은 외부 자금 대신에, 자기 자본으로 운영하기로 한 거야. 은행의 이익금을 조합원들에게 나누어 주지 않고, 은행의 자본으로 확보하는 방법이었지. 이익금을 나눠 주지 않는 대신, 대출 이자를 낮추는 것으로 조합원에게 혜택을 돌려주었어. 이것이 1873년에 만들어진 '무출자, 무배당, 내부 적립'을 핵심으로 하는 라이파이젠 원칙이야. 조합원들은 사업 자금을 내지 않고(무출자), 사업 자금을 내지 않기 때문에 이익의 분배가 없고(무배당), 그것은 고스란히 은행 내부에 쌓이는(내부 적립) 거야. 이 원칙에 따라 100년이 넘게 은행의 이익금이 은행의 자본으로 차곡차곡 쌓인 거지.

은행의 적립금으로 만들어진 이 든든한 자기 자본이 바로 위기 상황에도 흔들리지 않았던 힘이야. 라이파이젠 원칙 덕분에 독일에서는 1930년대 이후 협동조합 은행이 단 한 곳도 파산하지 않았어. 라이파이젠 원칙은 이제 세계 금융 협동조합의 원칙이 되었고, 그래서 라이파이젠 원칙을 따르는 협동조합 은행은 경제 위기에서도 끄떡없었던 거야.

라보 은행 :
네덜란드의 협동조합 은행

세계에서 가장 안전한 은행, 라보 은행

1898년 네덜란드에서 만들어진 라보 은행은 120년의 역사를 가진 협동조합 은행이야. 네덜란드에서도 농민들이 높은 이자를 내야 하는 고리대금에 시달리고 있었는데, 이웃 독일의 라이파이젠 은행이 성공하자 이 모델을 네덜란드로 가져왔어.

1972년에는 네덜란드 남부 지역의 22개 신용 협동조합이 연합한 브렌레인 은행과, 북부 지역의 6개 신용 협동조합이 연합한 라이파이젠 은행이 하나로 합쳐졌어. 그래서 라이파이젠 은행과 브렌레인 은행의 앞 글자를 따서 '라보' 은행이라는 이름을 쓰기 시작했지.

현재 라보 은행은 네덜란드 국민의 50%가 조합원이고, 전체 예금과 대출의 40% 이상을 차지하고 있는 네덜란드 최대 은행이야. 라보 은행은 네덜란드를 넘어 세계적인 은행으로 성장하고 있는데, 48개국의 1천만 고객이 라보 은행을 이용하고 있어. 라보 은행의 자산은 세계 25위인데, 우리나라 최대 은행인 KB금융지주회사의 3배 정도야.

네덜란드의 라보 은행은 독일의 라이파이젠 은행과 함께 2008년 경제 위기에 가장 빛나는 성공을 거둔 은행이야. 일반 은행이 파산 위기에 몰리자 예금자들이 안전한 협동조합 은행으로 이동했는데, 라보 은행은 2008년 예금이 20%나 늘어났어. 그리고 파산 위기에 처한 일반 은행은 정부에서 자금 지원을 받았지만, 라보 은행은 네덜란드 은행 중에 유일하게 정부의 자금 지원을 받지 않았어.

그 결과, 라보 은행은 2008년 글로벌 파이낸스에서 '세계에서 가장 안전한 은행' 3위로 선정되었어. 그리고 기업의 안정성과 신용도를 평가하는 세계적인 신용 평가 기관인 스탠더드&푸어스(S&P), 무디스, 피치로부터 2008년에 최고 등급인 AAA등급을 받았지.

신용 평가 기관들은 라보 은행이 '협동조합 경영 방식'으로 운영되기 때문에 안전한 것이라고 분석했어. 은행 외부의 자금이 아니라 내부의 자기 자금을 기반으로 한 운영 방식, 느리지만 많은 사람들의 의견을 모으는 의사 결정 방식 말이야.

많은 사람들이 협동조합의 최대 약점으로 자금 조달이 어렵고, 의사 결정이 느린 점을 지적했지만, 라보 은행은 이러한 협동조합의 약점을 강점으로 바꾸었지. 이것은 라보 은행 뿐 아니라 협동조합 은행의 기본 원칙이고, 라보 은행은 이러한 원칙을 100년 동안 충실하게 지켜 왔던 거야.

협동조합의 약점을 강점으로 바꾼 라보 은행

라보 은행은 어떻게 협동조합의 약점을 강점으로 바꾸었을까?

라이파이젠 은행과 마찬가지로 라보 은행도 자금을 마련하는 게 가장 어려웠어. 그래서 자금을 외부에서 모으는 대신 스스로의 힘으로 마련했어. 바로 '무출자, 무배당, 내부 적립'이라는 라이파이젠 원칙을 선택한 거야.

그래서 1898년 은행 설립 이후 벌어들인 이익금을 조합원에게 나눠 주지 않고 은행의 자본으로 든든히 쌓았어. 이렇게 100년 넘게 쌓은 적립금이 300억 유로(46조 원)나 된다고 해.

선배 조합원들은 100년이 넘도록 이익금을 한 푼도 가져가지 않고, 다음 세대 조합원들에게 고스란히 물려주었던 거지. 그래서 라보 은행은 선배 조합원들이 모아 준 적립금을 소중히 사용하고, 다음 세대에게 물려줄 책임을 가지고 있다고 해.

이 적립금 덕분에 라보 은행은 외부의 자금 없이도 성장할 수 있었고, 위

험 부담이 높은 사업에 투자하지 않아도 되었어. 외부 자금을 끌어들이기 힘들었던 협동조합의 약점 때문에 자기 힘으로 자금을 마련했고, 이것이 라보 은행을 세계에서 가장 안전한 은행으로 만든 거야!

사람들은 라보 은행을 "141명의 어머니와 1명의 딸로 구성되어 있다."고 말해. 이게 무슨 말이냐고? 180만 조합원을 대표하는 141개의 지역 은행이 1개의 중앙 은행을 만든다는 뜻이야. 재미있는 표현이지? 이 말은 라보 은행을 안전하게 받쳐 주는 힘을 보여 주는 거야. 라보 은행에서는 조합원과 지역 은행의 힘이 중앙 은행보다 더 막강하다는 것!

라보 은행은 조합원으로부터 올라오는 의사 결정 구조를 가지고 있어. 180만 조합원을 대표하는 141개의 지역 은행은 12개의 지역 대표자회의로 묶이고, 여기에서 6명씩 선출해 72명의 중앙 대표자회의를 구성하지. 일반 은행은 중앙 은행이 중요한 결정권을 가지는 데 반해, 라보 은행은 조합원과 지역 은행이 중요한 결정권을 가지고 있어.

물론 토론을 많이 하고 의견을 모으는 데 시간이 오래 걸리지만, 조합원들의 의견을 더 많이 반영할 수 있겠지? 그래서 조합원들이 동의하지 않는 위험한 사업에는 투자할 수가 없어.

그리고 조합원들 속에서 대표자가 뽑히기 때문에, 대표자 중에는 은행업이나 금융 전문가가 아닌 보통 사람들도 많겠지? 그래서 보통 사람들이 이해할 수 있는 안전한 사업에만 투자하게 되지. 이렇게 느리지만 조합원들이 중요한 결정권을 갖는 의사 결정 구조 때문에, 라보 은행은 세계에서 가장 안전한 은행이 될 수 있었던 거야!

그라민 은행 :
방글라데시의 협동조합 은행

부자에게는 돈을 빌려주지 않는 이상한 은행

방글라데시는 세계에서 가장 가난한 나라 중 하나야. 그 때문인지 방글라데시에서 세계 최초의 가난한 사람을 위한 은행이 만들어졌어. 바로 그라민 은행이야.

라이파이젠 은행이나 라보 은행 같은 협동조합 은행도 서민이나 노동자, 농민, 중소사업자들을 위한 은행이지. 그런데 그라민 은행은 그중에서도 가장 어려운 사람들을 대상으로 돈을 빌려주고, 부자에게는 빌려주지 않아. 그래서 그라민 은행을 '가난한 사람들의 은행'이라고 부르지.

'그라민'은 방글라데시 말로 '시골'이나 '마을'이라는 뜻이야. 그라민 은행은 말 그대로 농촌에만 있고, 고객은 대부분 농촌에 사는 가난한 여성들이야. 부자는 돈을 빌릴 수 없는 이상한 은행, 그라민 은행은 어떻게 해서 만들어졌을까?

그라민 은행을 만든 사람은 방글라데시 치타공대학에서 경제학을 가르치던 무하마드 유누스 교수야. 1974년 방글라데시는 심각한 흉년이 들어 길거리에는 굶주린 사람들이 죽어 가고 있었어. 그때 대학에서 평화롭게 강의를 하던 유누스 교수는 심각한 고민에 빠졌어. "사람들이 굶어 죽는데, 도대체 경제학이란 학문이 무슨 소용이란 말인가!" 학문은 세상에 필요한 것이 되어야 했던 거야.

그래서 대학 주변의 마을을 살펴본 유누스 교수는 너무나 충격적인 상황을 보았어. 마을의 여성들은 대나무 의자를 팔아 생계를 유지하고 있었는데, 하루 종일 일해서 번 돈을 고리대금업자에게 고스란히 갖다 바치고 있었던 거야. 마을 여성들이 대나무 의자를 만들어 번 돈은 방글라데시 돈으로 5타카50페이사(220원)지만, 5타카는 고리대금업자에게 빌린 돈을 갚느라 정작 남는 돈은 고작 50페이사(20원)뿐이었어. 마을 여성들은 대나무 재료값이 없어 고리대금업자에게 매일 10%나 되는 높은 이자로 돈을 빌렸기 때문에, 그 이자를 갚느라 아무리 열심히 일해도 가난을 벗어날 수가 없었지.

유누스 교수는 42명의 마을 여성들에게 대나무 재료값 27달러(2천700원)를 빌려주었고, 얼마 후 여성들은 빌린 돈을 모두 갚았어. 높은 이자에 시달리지 않아도 되니 열심히 일해서 돈을 갚을 수 있었던 거야. 단돈 27달러로 42명의 여성들과 가족들이 가난에서 벗어나게 되었다니, 적은 돈이 정말 큰 역할을 한 거지.

  이 경험으로 유누스 교수는 적은 돈으로도 가난한 사람들의 삶을 바꿀 수 있다는 것을 알게 되었어. 그래서 1976년에 그라민 은행을 만들어서 가난한 사람들에게 아무런 담보 없이 돈을 빌려주기 시작했어.

그라민 은행은 2011년까지 835만 명에게 돈을 빌려주었는데, 이렇게 돈을 빌려 간 사람들의 64%가 이 돈으로 일을 시작해서 가난에서 벗어날 수 있었지. 그라민 은행은 돈을 갚지 않는다고 법적인 책임을 묻지 않았지만, 보통 100명이 돈을 빌려 가면 99명이 약속대로 갚았어.

가난에서 벗어난 사람들이 저축한 돈은 다시 가난한 이들에게 빌려주는 대출금이 되었지. 가난한 사람이 가난한 사람을 돕는 구조를 마련한 거야. 그래서 그라민 은행은 외부의 지원이나 기부금에 일절 기대지 않고 100% 은행 고객들의 예금으로 돈을 마련하고 있어.

그라민 은행은 2012년 8만1천 개의 마을에서 2천600개의 지점을 운영하는 큰 은행으로 성장했어. 그리고 가난한 사람들의 삶을 변화시킨 공로를 인정받아 유누스 교수와 그라민 은행은 2006년 노벨평화상을 받았어.

가난한 사람들을 위한 '무담보 소액 대출'

그라민 은행처럼 가난한 사람들에게 집이나 땅 같은 담보 없이 작은 돈을 빌려주는 것을 '무담보 소액 대출'이라고 해. 그라민 은행은 소득이 낮은 25%의 사람들에게 150달러(16만 원) 미만의 돈을 아무런 담보 없이 빌려주고 있어.

그런데, 일반 은행이 있는데도 왜 그라민 은행이 필요했을까?

그것은 일반 은행에서는 가난한 사람에게는 돈을 빌려주지 않았기 때문이지. 일반 은행에서 돈을 빌리려면 담보가 필요한데, 가난한 사람은 담보가 없거든. 가난하기 때문에 돈이 필요하지만, 정작 가난하기 때문에 돈을 빌릴 수가 없는 거지. 그래서 방글라데시의 가난한 여성들은 이자가 높은 고리대금을 쓸 수밖에 없었던 거야. 그러다 보니 더 가난해질 수밖에 없었고 말이야.

그라민 은행은 가난한 사람들이 자립할 수 있게 돈을 빌려주어 가난의 악순환을 끊어 냈어. 150달러도 안 되는 적은 돈으로 마련한 중고 재봉틀 한 대, 송아지 한 마리, 음식을 팔 수 있는 손수레가 가난에서 벗어나게 했던 거야.

그러면, 왜 그라민 은행은 가난한 사람에게만 돈을 빌려주는 걸까?

그것은 일반 은행은 '더 많은 이익'이 목적이지만, 그라민 은행은 '가난한 사람의 자립'이 목적이기 때문이야. 지구 위에는 극도로 가난에 시달리는 사람들이 10억 명이나 있어. 이 사람들은 아무리 노력해도 가난에서 벗어날 수 없고, 그 어디에서도 돈을 빌릴 수 없는 사람들이야. 그런데 이들이 가난한 것은 대부분 게으르거나 능력이 없어서가 아니라, 아주 적은 돈도 손에 넣는 것이 불가능하기 때문이지.

그라민 은행은 돈이란 필요한 곳에 쓰여야 하고, 돈이 필요한 곳은 가난한 사람들이라고 생각했어. 즉, 돈을 단순히 '이자를 벌어들이는 수단'으로 보지 않고, '사람의 삶을 나아지게 만드는 수단'이라고 생각한 거야.

그런데 그라민 은행은 어떻게 빌려준 돈을 다시 받을 수 있었을까?

그것은 바로 사람과 사람 사이의 믿음이 있었기 때문이야. 일반 은행은 '금전적 담보'를 받고 돈을 빌려주지만, 대출금을 돌려받지 못해 손해를 보기도 해. 그러나 그라민 은행은 담보 없이 '사람들끼리의 신용(믿음)'만으로 돈을 빌려주지만, 99%가 돈을 갚았어. 바로 금전적인 담보보다, 사람들끼리의 믿음이 더 큰 힘을 발휘한 거야.

그라민 은행은 돈을 빌린 5명이 힘을 합쳐 서로 대출 책임을 나누도록 했어. 5명 중에 한 사람이라도 돈을 갚지 못하면, 다른 사람들도 돈을 빌리기 힘들도록 공동 책임을 지는 제도지. 그렇다보니 사람들은 돈을 제때에 갚을 수 있도록 서로서로 도와주는 역할을 하게 되었어.

그라민 은행의 눈부신 성과에 힘입어, 가난한 사람을 위한 무담보 소액 대출 은행이 동남아시아, 아프리카, 라틴아메리카의 세계 100여 개 나라로 확산되었어. 국제 연합은 2005년을 '소액 신용 대출의 해'로 정하고, 2015년까지 세계의 극빈층 10억 명을 절반으로 줄인다는 목표를 세웠어.

6장

세계의 사회적 협동조합

협동조합 중에서도 특별한 협동조합이 있어. 협동조합이 더 나은 세상을 만드는 것이라고 했을 때, 이런 목적에 가장 충실한 게 사회적 협동조합이야. 어려운 이웃을 위한 협동조합, 사회 전체가 필요로 하는 협동조합이 바로 사회적 협동조합이거든.

6장에서는 먼저 사회적 협동조합이 보통 협동조합과 어떻게 다른지 살펴볼 거야. 그리고 국가의 복지 정책이 축소되면서 사회적 협동조합이 만들어지게 된 배경에 대해서도 알아보려고 해. 그러면 이탈리아의 돌봄 서비스 협동조합인 카디아이, 정신 장애인 협동조합인 논첼로, 그리고 덴마크의 노숙인 협동조합인 코펜하겐 벌꿀 협동조합으로 가 보자!

어려운 이웃을 위한 사회적 협동조합

사회적 협동조합의 선두주자, 이탈리아

사회적 협동조합은 이탈리아에서 탄생했어. 1963년 이탈리아의 브레스치아에서 가톨릭 운동가 주세페 필리피니가 처음 만들었지. 그러다가 1991년에 사회적 협동조합을 위한 법이 만들어진 이후 폭발적으로 성장해서, 2011년에는 이탈리아 전역에 1만 2천 개의 사회적 협동조합이 450만 명에게 서비스를 제공하게 되었지. 이렇게 사회적 협동조합이 성장한 데에는 이탈리아 정부의 든든한 지원이 있었기 때문이야.

먼저, 이탈리아 정부는 훌륭한 사회적 협동조합법을 만들었어. 사회적 협동조합법은 협동조합을 단지 조합원이 아니라, 사회 전체를 위한 것으로 확대했어. 예를 들어 사회적 협동조합은 직원 중에 반드시 장애인, 노숙인

같은 사회적 약자를 고용하도록 정했어. 그리고 사회적 협동조합이 문을 닫게 되더라도, 그 자산은 조합원이 아니라 사회 전체를 위해 사용하도록 하고 말이야.

또한, 이탈리아 정부는 사회적 협동조합을 위한 지원도 아끼지 않았어. 사회적 협동조합이 사회 전체를 위해 운영하는 대신, 여러 가지 혜택을 주어 사회적 협동조합을 지원한 거지. 사회적 협동조합의 세금을 깎아 주고,

조합원의 국가 보험료도 면제해 주었어. 그리고 사회적 협동조합의 창업과 사업 자금도 지원하고 있고. 여기에다 정부나 지역에서 복지 사업이나 교육 사업, 체육 사업을 할 때 사회적 협동조합에 사업의 우선권을 주고 말이야.

그래서 이탈리아의 사회적 협동조합과 이탈리아 정부의 지원은 다른 나라에서 사회적 협동조합을 만들 때 참고하는 훌륭한 모범이 되고 있어.

사회적 협동조합은 다른 협동조합과 뭐가 다르지?

협동조합은 기업이면서도 일반 기업과 다른 별종이라고 할 수 있지. 협동조합도 돈을 버는 일을 하지만, 일반 기업과 달리 '더 많은 이익'이 아니라 '사람의 필요'를 목적으로 하기 때문이야.

그런데 협동조합 중에서도 일반 협동조합과 다른 별종이 바로 사회적 협동조합이야. 사회적 협동조합도 사람의 필요를 목적으로 하지만, 일반 협동조합과 달리 '조합원의 필요'가 아니라 '사회 전체의 필요'를 목적으로 하기 때문이지.

먼저, 사회적 협동조합은 사회 전체에 필요한 사업을 해. 일반 협동조합은 조합원이 필요로 하는 상품이나 서비스를 만들지. 반면 사회적 협동조합은 장애인, 노숙인, 알콜 중독자, 이민자, 노인, 임시직 노동자 등 어려운 이웃을 돕거나 사회에 필요한 사업을 해. 즉, 일반 협동조합은 자기가 필요한 것을 얻기 위해 만들어졌지만, 사회적 협동조합은 자기가 가진 것을 어려운 이웃이나 사회와 나누기 위해 만들어졌어. 따라서 일반 협동조합은 조합원이 혜택을 누리지만, 사회적 협동조합은 조합원뿐만 아니라 사회 전체가 혜택을 누리지.

한편, 사회적 협동조합은 이익을 추구할 수 없어. 일반 협동조합은 사업을 통해 이익을 남기지만, 사회적 협동조합은 사업을 통해 이익을 추구할 수 없어. 또 일반 협동조합은 이익이 생기면 조합원에게 나눠 주기도 하지만, 사회적 협동조합은 이익을 조합원에게 나눠 주기보다 사업을 위해 사용해. 그리고 일반 협동조합의 조합원은 생산자, 이용자, 직원으로 구성되지만, 사회적 협동조합은 조합원 외에 자원봉사자, 후원자가 포함되는 것도 다른 점이야.

사회적 협동조합은 왜 만들어졌을까?

어려운 이웃이나 사회 전체를 위한 사회적 협동조합은 어떻게 해서 만들어졌을까? 그것은 국가의 복지 정책하고 연관이 있어.

1970년 이후 세계적인 불황이 찾아오자 각 나라에서는 경제 활성화를 강조하면서 복지를 줄여 나가기 시작했어. 이렇게 '경제 성장'을 우선하면서 '사회 복지'를 축소시킨 결과, 서민과 가난한 사람은 더욱 어려워졌지. 이러한 상황에서 국가의 복지 사업을 대신하기 위해 만들어진 것이 사회적

협동조합이야.

그런데 이미 농업 협동조합, 노동자 협동조합, 소비자 협동조합이 있는데도 왜 사회적 협동조합이 필요했을까? 이런 일반 협동조합으로는 어려운 이웃이나 사회 복지를 위한 사업을 할 수 없기 때문이야. 장애인, 노숙인, 알콜 중독자, 이민자에게 일자리를 제공하거나, 노인과 장애인의 돌봄 서비스, 지역에 필요한 보육, 교육, 보건, 체육, 복지 서비스 같은 것 말이야.

이탈리아의 사회적 협동조합, 프랑스의 공익 협동조합, 스페인의 사회적 목적 협동조합, 캐나다의 사회적 연대 협동조합을 비롯해서, 영국, 포르투갈, 폴란드, 벨기에, 핀란드, 그리스에서도 사회적 협동조합이 활발해.

세계의 대표적인 사회적 협동조합을 알아볼까? 사회적 협동조합이 이탈리아에서 시작된 만큼, 유명한 사회적 협동조합도 이탈리아에 많아. 돌봄 서비스 협동조합인 카디아이와 돌체, 정신 장애인 협동조합인 논첼로, 노숙인 협동조합인 라스트라다와 라루페가 모두 이탈리아에 있어. 그리고 덴마크의 노숙인 협동조합인 코펜하겐 벌꿀 협동조합도 있네.

카디아이 : 이탈리아의 돌봄 서비스 협동조합

이탈리아 대표의 사회적 협동조합, 카디아이

이탈리아 볼로냐 지역에 있는 카디아이는 이탈리아의 대표적인 사회적 협동조합이야. 카디아이(CADIAI)는 이름에 모든 것을 다 담고 있어. Cooperative(협동조합), Assistenza(돌봄), Domiciliare(방문), Infermi(환자), Anziani(노인), Infanzia(어린이)라는 이탈리아 단어의 첫 글자를 따서 만든 이름이거든. 카디아이는 이름처럼 가정을 방문하여 환자, 노인, 장애인을 돌보거나, 유치원에서 아이들을 돌보는 일을 하는 협동조합이야.

카디아이는 1974년 볼로냐에서 가사 도우미, 간병 도우미 일을 하던 29명의 여성 노동자들이 처음 만들었어. 당시 여성 노동자들은 정식 계약도 하지 못한 상황에서 낮은 월급을 받으면서 임시직 노동자로 힘들게 일하고 있었지. 이러한 상황을 바꾸려고 여성들은 스스로 협동조합을 만들어 월급과 노동 조건을 정하고, 고객에게는 전문적인 서비스를 제공하자고 뜻을 모았어.

이것이 카디아이의 시작이었는데, 처음에는 노동자 협동조합으로 출발했어. 이후 이탈리아에서 사회적 협동조합법이 만들어지자, 사회적 협동조합으로 전환했지.

그래서 카디아이는 간병인, 도우미, 유치원 교사가 좋은 일자리를 위해 만든 '노동자 협동조합'이면서, 동시에 환자 간병, 노인 의료, 어린이 보육 서비스를 제공하는 '사회적 협동조합'이기도 하지.

정부의 다양한 복지 사업을 맡아 하면서 카디아이의 사업은 더욱 커졌어. 그래서 2012년에는 1천200명이 넘는 직원이 환자, 노인, 어린이, 장애인을 포함해 한 해 2만 7천 명에게 서비스를 제공하게 되었지.

특히 카디아이가 주도하여 협동조합 공동 사업으로 진행하고 있는 '카라박 프로젝트'는 유명한데, 볼로냐에 있는 협동조합들이 공동으로 어린이집을 만들고 운영하는 사업이야. 건축 협동조합인 치페아는 어린이집을 짓고, 설비 관리 협동조합인 메누텐코프는 건물을 관리하고, 돌봄 서비스 협동조합인 카디아이와 돌체는 어린이집 교사를 파견하고, 급식 협동조합인 캄스트는 아이들에게 급식을 제공하지.

이 사업을 통해 2005년 첫 어린이집을 만든 후 지금까지 11개의 어린이

집을 만들었는데, 라치코냐는 카라박 프로젝트로 만든 대표적인 어린이집이야. 하나의 협동조합이라면 불가능한 일이지만, 협동조합들이 힘을 합쳐서 이뤄 낸 성과지. 협동조합끼리 힘을 모으면 못 할 일이 없겠지?

정부의 **복지 사업**을 맡아서 하는 카디아이

카디아이는 정부의 복지 사업을 맡아서 대신하는 모범적인 협동조합이야. 정부가 믿고 맡길 수 있는 기업이 된 카디아이의 성공 비결은 무엇일까?

무엇보다, 카디아이가 직원들이 안정적으로 일할 수 있는 직장이라는 거야. 일하는 사람이 행복해야 고객에게도 좋은 서비스를 할 수 있는 게 아닐까? 카디아이의 조합원들은 1천800유로(265만 원)를 협동조합 자금으로 내고, 일을 그만두게 되면 다시 돌려받아. 특히 돌봄 서비스의 특성상 직원의 86%가 여성인데, 아이를 가지면 5달의 출산 휴직을 받고 평상시 월급의 100%를 모두 받지. 정부에서 제공하는 출산 휴직 급여 80%에다 카디아이에서 자체적으로 20%의 급여를 더 지원해서, 일을 하지 않을 때도 월급의 100%를 그대로 받는 거야. 정말 여성에게 행복한 직장이지?

또 다른 성공 비결은, 카디아이의 경영진이 직원에서 시작한 사람이라는 거야. 일반 기업처럼 경영진이 직원들 위에 있는 것이 아니라, 카디아이는 직원에서 출발한 사람들이 경영진을 이루고 있어. 그래서 직원들의 업무뿐 아니라 직원들의 감정과 마음도 잘 이해하기 때문에, 협동조합 내부의 다툼이나 갈등을 잘 해결해 나가고 있어.

그리고 카디아이의 수준 높은 교육 훈련도 빼놓을 수 없어. 카디아이의 직원이 되려면 우선 250시간의 훈련을 받아야 하고, 매년 40시간의 추가 교육을 받고 있어. 물리 치료, 자활 프로그램, 상담 교육으로 진행되지. 특히 환자, 노인, 어린이의 신체뿐 아니라, 마음까지 돌볼 수 있는 인간적인 돌봄을 중요하게 여기고 있어. 카디아이의 교육이 사람들에게 좋은 평가를 받자, 볼로냐시는 돌봄 서비스를 하는 다른 기업도 카디아이의 교육을 필수적으로 받도록 한다는군.

카다아이가 운영하고 있는 산 라자리로의 노인 복지 시설이야.

논첼로 :
이탈리아의 정신 장애인 협동조합

정신 장애 환자들이 협동조합을 만들었어!

우리는 몸이 불편해서 휠체어를 탄 사람, 앞이 보이지 않아 지팡이를 짚고 다니는 사람, 말을 못해서 수화를 하는 사람, 듣지 못해서 보청기를 낀 사람을 주변에서 보게 되지. 이렇게 신체가 불편한 사람을 장애인이라고 해. 그리고 신체가 아니라 마음이나 정신에 병을 가지고 있는 사람을 정신 장애인이라고 해.

그런데 일상생활도 힘든 정신 장애인들이 협동조합을 만들어 사업을 한다고? 논첼로 협동조합은 "정신 장애인들이 무슨 일을 할 수 있겠어?"라는 편견을 바꾼 획기적인 사건이야.

논첼로는 1981년 이탈리아 북부의 포르데노네에서 정신 장애인의 자립을 위해 만든 협동조합이야. 이탈리아의 사회적 협동조합 중에 가장 큰 기업이지. 사업 이익보다는 정신 장애인에게 일자리를 제공하는 것이 목적이기 때문에 '사회적'이며, 정신 장애인이 주인이자 직원이기 때문에 '협동조합'인 사회적 협동조합이야. 600명이 넘는 조합원들 중 30%가 정신 장애인인데, 논첼로 협동조합의 스테파노 만토바니 대표는 "모두가 밝고 신나게 일하기 때문에 누가 정신 장애를 가졌는지 알기 어렵고, 굳이 알 필요도 없

다."고 말해. 논첼로는 주로 청소, 원예, 도예, 목공, 가구 수리, 건물 공사 같은 사업을 하는데, 베네치아의 베니체 극장, 모스크바의 크렘린 궁전의 공사에 참여할 만큼 기술력도 인정받고 있어.

정신 장애 환자들은
왜 협동조합을 만들었을까?

정신 장애인들이 협동조합을 만들게 된 것은 1978년 정신 병원을 폐지한 '바자리아법'에서 시작되었지. 정신과 의사 프랑코 바자리아는 '자유가 바로 치료'라는 생각으로 정신병 환자들을 병원에 따로 수용하는 것을 반대하고, 사회에서 다른 사람들과 자유롭게 살아가도록 해야 한다고 주장했어. 정신병 환자의 인권을 보호하고, 사회의 일원으로 살아갈 권리를 주장한 거지. 마침내 그의 이름을 딴 '바자리아법'이 만들어져서, 정신 병원이 폐쇄되고 정신 병원에 갇혀 있던 환자들은 모두 사회로 돌아가게 되었어.

그런데 정신 병원을 없애고 정신병 환자들을 사회로 돌려보낸다고 다 끝난 게 아니었어. 바자리아법이 만들어지면서 정신 병원이 차례로 문을 닫았지만, 정신병 환자들은 막상 갈 곳이 없었던 거야. 정신병 환자가 사회에 적응하려면, 일자리를 주고 다른 사람들과 어울리게 해야 한단 말이지. 그런데 정신병을 가진 사람을 써 주는 회사가 얼마나 되겠어?

그래서 찾은 결론이 협동조합! 스스로 협동조합을 만들어, 일자리를 마련하기로 한 거야.

1981년 포르데노네에 있는 정신 병원이 문을 닫게 되자, 그 병원에서 일하던 정신과 의사 3명과 정신병 환자 6명이 논첼로 협동조합을 만든 거지. 이렇게 논첼로 협동조합은 정신 장애인들이 다른 사람들과 함께 살아가기 위한 노력에서 시작되었어.

정신 병원에 갇혀 사람 취급도 못 받던 환자들이 어떻게 사회 일원으로 어울릴 수 있었을까? 그것은 논첼로 협동조합처럼 정신 장애인 스스로의 노력과 함께, 이탈리아 사람들의 정신 장애인에 대한 차별 없는 생각 덕분이었어.

바자리아법을 만든 정신과 의사 바자리아는 "사람은 누구나 바른 정신과 이상한 광기가 있다."는 생각으로, 보통 사람과 정신병 환자의 구별을 없애 버렸어. 그래서 보통 사람은 정상이고 정신병 환자는 비정상이라는 생각은 잘못되었다고 주장했어. 어때, 정말 놀라운 생각이지?

그리고 이탈리아 국민들도 바자리아를 지지했어. "이탈리아에서 천재가 태어나는 것은 모두 어딘가 미쳐 있기 때문이다. 그리고 잘 보면 사람들은 모두 어딘가 비정상이다. 정신 장애가 있다고 해서 따로 격리할 필요는 없다." 이탈리아 국민들의 자유로운 정신이, 정신 병원을 닫고 정신병 환자를 사회의 일원으로 받아들이게 한 거야.

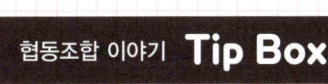 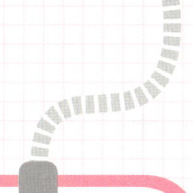

논첼로 협동조합을 영화로 만든
⟨위 캔 두 댓 We can do that⟩

논첼로 협동조합이 유명해지자, 이탈리아에서 논첼로의 실화를 바탕으로 한 영화가 만들어지기도 했어. ⟨위 캔 두 댓⟩이라는 영화는 정신 장애인 협동조합 '안티카 협동조합 180'에서 벌어지는 이야기야.

안티카는 협동조합이지만 정신 병원처럼 고립되어 있었고, 조합원들이 하는 일이라곤 우표 붙이기 같은 재미도, 보람도 없는 일이었어. 조합원들은 이 '우표 붙이는 일'을 계속할 것인지, 아니면 일은 힘들지만 '일 같은 일'을 할 것인지를 두고 투표를 해. 조합원들은 힘들지만 보통 사람과 같은 일을 하자고 결정하고, 마룻바닥을 까는 인테리어 일을 하게 되면서 놀라운 예술적 재능까지 발휘하게 되지.

이 과정에서 정신 장애인들은 이전과 다른 모습으로 바뀌게 돼. 사회에서 고립된 사람에서, 사람들과 어울리는 사회 구성원으로! 따분하고 재미없는 생활에서, 적극적이고 활기찬 생활로! 사회에서 피하는 대상에서, 자기 운명을 스스로 개척해 나가는 주인으로 말이야!

이 영화는 정신 장애인에 대한 우리의 생각을 바꾸어 놓았어. 정신 장애인 역시 보통 사람과 똑같은 사람이라는 것 거기다 정신병이라는 편견 속에 가려져 있던 정신 장애인의 놀라운 재능까지 발견하게 되었지.

코펜하겐 벌꿀 협동조합 :
덴마크의 노숙인 협동조합

거리의 노숙인들이 스스로 만든 일자리

도시 한복판에 꿀벌들이 날아다닌다면 어떨까? 어떤 친구들은 벌들을 피해 도망치고, 어떤 친구들은 신기하게 쳐다보겠지!

덴마크의 수도 코펜하겐에서는 바로 이런 일이 일어나고 있어. 도시 한복판에서 벌들이 도로변에 있는 꽃에서 꿀을 따 오지. 이번에 소개할 협동조합은 코펜하겐에서 벌을 키우는 코펜하겐 벌꿀 협동조합이야.

코펜하겐 벌꿀 협동조합은 2011년 올리베르 막스웰이라는 청년과 15명의 조합원이 만든 노숙인들의 협동조합이야. 알콜 중독, 마약 중독이나 여러 가지 문제로 직장에서 쫓겨나 집도 없이 거리를 떠도는 노숙인들이 일자리를 마련하기 위해 만든 거지.

노숙인들은 코펜하겐의 5개 지역에 50개의 벌통을 놓고 꿀벌을 기르고 있어. 벌통을 세우고 꿀을 따서 병에 담고 라벨을 붙이고 포장하는 모든 일을 하고 있지. 노숙인 생활에서 벗어나 할 수 있는 일이 생겨서 즐겁게 일하고 있어.

노숙인들은 왜 스스로 일자리를 만들었을까? 보통 회사에서는 노숙인을 받아 주지 않기 때문이지. 노숙인들은 집도 없는 데다 직장에서 쫓겨난 사람들이 대부분인데, 이런 사람을 받아 주는 회사가 얼마나 되겠어? 그러다 보니 노숙인이 다시 직장에 취직하는 것은 정말 힘들어. 그런데 일자리가 없다 보니 사회에 적응하기 힘들고, 다시 알콜 중독자, 노숙자, 실업자 신세를 면할 수가 없게 되지.

집도 없이 거리에서 사는 노숙인만큼 돈을 벌 수 있는 일자리가 절실한 사람이 또 있을까? 그래서 찾아낸 결론이 바로 협동조합이야. 논첼로 협동조합처럼, 코펜하겐 벌꿀 협동조합도 보통 회사에서 일자리를 주지 않기 때문에 협동조합을 만들어 스스로 일자리를 만든 거지.

도시에서 사라진
꿀벌을 불러들이는 협동조합

그런데 농촌이나 산골도 아니고 도시에서 꿀벌을 기르는 기발한 아이디

어는 어떻게 생각하게 되었을까? 그건 꿀벌을 기르는 것이 노숙인에게 잘 맞는 일이기 때문이었어. 보통 회사에서 일하려면 높은 학벌이나 말을 잘하는 것이 중요하지. 하지만 벌을 기르는 것은 높은 학벌보다 벌에 대해 잘 아는 것, 말을 잘하는 것보다 성실한 태도가 필요하겠지. 그래서 노숙인들과 꿀벌이 만나서 만든 것이 바로 코펜하겐 벌꿀 협동조합이야.

　코펜하겐 벌꿀 협동조합은 도시에서 사라진 벌을 다시 불러들이고 있어. 벌은 식물과 식물을 옮겨 다니면서 식물을 교배시키는 역할을 해. 그래서 벌이 사라진다면, 꽃도 사라지고 과일이나 농산물도 열매를 맺지 못할 거

노숙인들이 스스로 만든 코펜하겐 벌꿀 협동조합에서는 도시 한복판에서 꿀벌을 기르고 있어.

야. 아마 사람이 벌 대신 꽃가루를 묻혀 식물을 교배시켜야 할지도 몰라.

벌이 날아다닌다는 것은 그곳이 살기 좋은 곳이라는 증거야. 도시에서 벌을 기르는 것은 도시 환경을 되살리는 거야. 환경을 생각하면 도시에는 더 많은 벌이 필요하거든. 더 많은 벌들이 도시로 모여들면, 도시의 정원에는 맛있는 과일이 열리고 공원과 길에서도 더 많은 꽃을 볼 수 있을 테니까 말이야.

코펜하겐 벌꿀 협동조합을 만든 올리베르 막스웰은 이렇게 말해.

"코펜하겐 사람들이 이 꿀 한 병을 샀을 때, 단지 꿀이 아니라 봄날이 담긴 병을 샀다는 것을 깨달았으면 좋겠어요. 바로 자신을 둘러싼 환경이 담긴 꿀 말이죠."

벌꿀이 담긴 병을 '봄날이 담긴 병'이라고 표현하다니 근사하면서도 딱 맞는 말이지? 그 병에는 꽃과 꽃 사이로 날아다니는 벌들과 따뜻한 봄날, 아름다운 환경이 모두 담겨 있을 테니까.

코펜하겐 벌꿀 협동조합은 '사람들을 부자로 만들기보다 행복하게 만드는 일'이 바로 협동조합이라고 해. 노숙인에게 일자리를 주어 자립하도록 돕고, 도시에 벌을 불러들여 환경을 되살리는 일이 바로 코펜하겐 벌꿀 협동조합이 하고 있는 사업이니까 말이야.

7장

세계의 공동 이용 협동조합

우리는 이제까지 협동조합을 이용해서 농산물을 키우고, 좋은 물건을 사고, 일자리를 만들고, 돈을 빌리는 방식을 알아봤어. 그런데 협동조합으로 아이들을 키운다는 말을 들어 본 적이 있니? 협동조합으로 집을 짓는다는 건 어때? 그리고 협동조합으로 에너지를 만든다는 것은?

7장에서는 집, 학교, 병원, 에너지 같은 것을 공동으로 이용하기 위해 만든 세계의 공동 이용 협동조합을 알아보려고 해. 이쯤 되면 협동조합으로 못 할 것이 없다는 생각이 들지?
그러면 우리나라의 공동육아 협동조합인 성미산 어린이집, 이탈리아의 주택 협동조합인 무리

협동조합, 덴마크의 에너지 협동조합인 비도우레 풍력 협동조합으로 가 보자. 가서 협동조합으로 어떻게 이런 일들이 가능한지 알아보자!

육아, 교육, 주택, 의료, 에너지의 공동 이용 협동조합

　우리가 살아가기 위해서는 음식, 옷, 가전제품 같은 물건만 필요한 것이 아니지? 아이들은 유치원이나 학교에 다녀야 하고, 병이 나면 병원에도 가야 하고, 집도 필요하고 전기도 필요하지. 앞에서 말한 음식, 옷, 가전제품 같은 것들은 마트에서 물건의 형태로 살 수 있는 것이야. 그런데 집, 학교, 병원, 전기 같은 것들은 물건이 아니라 서비스의 형태로 이용하는 것이야.

　공동 이용 협동조합은 크게 보면 소비자 협동조합에 속해 있어. 소비자들이 필요한 것은 식품, 옷, 가전제품 같은 '물건'과 집, 학교, 병원 같은 '서비스'로 나누어지지. 그래서 소비자 협동조합에는 좋은 물건을 구매하기 위한 '구매 협동조합'과 좋은 시설이나 서비스를 이용하기 위한 '이용 협동조합'이 있어.

우리가 흔히 소비자 협동조합이라고 하는 것은 물건을 구매하기 위한 구매 협동조합을 뜻해. 공동 이용 협동조합은 소비자 협동조합 가운데 물건의 형태가 아닌, 집, 학교, 병원 같은 시설이나 서비스를 공동으로 이용하는 협동조합이야.

공동 이용 협동조합에는 공동육아 협동조합, 유치원 협동조합, 학교 협동조합, 주택 협동조합, 병원 협동조합, 에너지 협동조합 등이 있어. 이렇게 보면 협동조합으로 우리가 살아가는 데 필요한 모든 것을 해결할 수 있다는 것이 실감나지?

세계의 대표적인 공동 이용 협동조합은 참 여러 분야가 있군! 교육 분야에는 공동육아 협동조합인 한국의 성미산 어린이집, 유치원 협동조합인 이탈리아의 라치코냐 유치원, 교육 협동조합인 영국의 협동조합 학교가 있어. 그리고 주택 협동조합으로는 이탈리아의 무리와 콥안살로니가 유명하고, 학생 주택 협동조합인 미국의 SBC도 있어. 또 병원 협동조합에는 브라질의 우니메드 협동조합, 핀란드의 로푸키리 실버요양 협동조합이 있군. 그리고 에너지 협동조합에는 덴마크의 풍력 협동조합인 비도우레와 미델그룬델이 있고, 미국의 터치스톤 협동조합도 있어.

성미산 어린이집 :
한국의 공동육아 협동조합

어떻게 하면 행복한 아이로 키울까?

아이를 협동조합으로 키운다? 어린이집이나 유치원에 맡기면 되지, 아이를 키우기 위해 협동조합을 만든다니! 이번에는 협동조합으로 아이를 키우고 있는 성미산 어린이집을 소개하려고 해.

서울 마포구 성미산 근처에 있는 성미산 어린이집은 1995년 '날으는 어린이집'에서 출발하여, 2005년 문을 연 공동육아 협동조합이야. "어떻게 하면 우리 아이를 행복한 아이로 키울까?" 고민하던 20여 가정의 맞벌이 부모들이 만들었어.

성미산 어린이집은 우리나라의 대표적인 공동육아 협동조합으로, 이제 전국의 60개가 넘은 공동육아 협동조합에서 따라하고 있는 모범이야. 성미산 어린이집은 벌써 20년의 역사를 가지게 되었고, 처음 어린이집에서 자란 아이들은 벌써 20대의 청년이 되었지.

그런데 아이를 키우는 데에 왜 협동조합이 필요했을까? 옛날에는 할아버지, 할머니가 한집에 같이 사는 대가족이었고 친척들도 가까이 살았기 때문에, 아이가 태어나면 부모뿐 아니라 집안 전체가 아이를 키웠어. 그런데 요즘은 부모와 아이만 사는 가족이 대부분이고, 부모가 모두 직장을 가

지고 맞벌이를 해야 하는 가정도 많아. 그래서 직접 어린이집을 만들어 아이들을 함께 키우기로 했고, 이런 생각을 가진 부모들이 공동육아 협동조합인 성미산 어린이집을 만든 거야.

성미산 어린이집은 다른 어린이집과 뭐가 다를까?

성미산 어린이집은 조합원인 부모들이 주인이야. 다른 어린이집은 어린이집 주인인 원장이 어린이집 건물을 마련하고 선생님을 고용하지. 반면 성미산 어린이집은 부모들이 공동으로 돈을 모아 어린이집을 마련하고 아이들을 돌보는 선생님도 고용해. 성미산 어린이집이 처음 문을 열었을 때는 어려움이 많았어. 어린이집 시설에 문제가 생기면 아버지들이 직접 고치고, 어린이집 청소도 어머니들이 돌아가며 하기도 했어. 부모들이 어린이집의 주인이기 때문에, 어린이집 일을 내 일처럼 했던 거지.

또, 성미산 어린이집은 부모들이 어린이집을 운영하는 데 직접 참여하고 있어. 다른 어린이집은 부모들이 어린이집 운영에 참여하는 일은 거의 없지. 하지만 성미산 어린이집은 부모들이 아이들에게 어떤 내용으로, 어떻게 가르칠 것인지 함께 결정해. 부모들이 1년에 한 번 열리는 조합원 총회에 참여해서 공동육아를 위한 큰 결정을 하지. 그 외에도 연령별 모임, 방

모임에 참여해서 아이들의 교육과 어린이집의 운영에 대해 이야기를 나누고 있어. 공동육아는 아이를 함께 키운다는 생각으로 만든 육아 공동체이기 때문에, 부모들이 직접 참여해서 어린이집을 이끌어 가는 거지.

 이렇게 어린이집의 운영에 부모들이 직접 참여하니까 아이들의 교육도 다를 수밖에 없겠지. 제일 크게 눈에 띄는 것은 성미산 어린이집은 선생님 수가 많다는 거야. 다른 어린이집은 선생님 1명이 보통 10명이 넘는 아이들을 돌보고 있는데, 성미산 어린이집은 선생님 1명이 5~6명의 아이들을 돌보고 있어. 이렇게 되면 선생님이 아이 하나하나에게 더 많이 관심을 가지고 더 많이 보살펴 줄 수 있겠지.

성미산 어린이집은 아이들을 행복하게 키우기 위해 부모들이 직접 만든 어린이집이야.

그리고 성미산 어린이집은 자연과 함께 하는 교육을 중요하게 생각해. 도시에 있는 다른 어린이집은 주로 어린이집 안에서만 교육이 이루어지지. 하지만 성미산 어린이집의 아이들은 성미산이라는 훌륭한 자연에서도 배우고 있어. 성미산은 도시에서는 찾아보기 힘든 자연숲을 가지고 있어서, 아이들은 딱따구리, 다람쥐 같은 야생 동물이나 들풀과 함께 커 가고 있어. 사실 협동조합 유치원이나 협동조합 학교는 자연과 함께하는 교육을 중요하게 생각하는데, 교실에서 공부하는 것만큼 자연에서 뛰어노는 것이 훌륭한 교육이라고 생각하기 때문이야.

성미산 어린이집에서 성미산 마을까지!

공동육아를 위해 성미산 근처에 터를 잡은 사람들은 이제 하나의 마을을 이루었어. 성미산 어린이집에서 시작한 부모들은 이제 1천 명 정도가 살아가는 '성미산 마을'이라는 마을 공동체를 이루었지. 성미산 마을에는 공동 육아 어린이집을 시작으로, 대안 학교, 생활 협동조합, 공동 주택, 마을 책방, 마을 식당, 마을 카페, 마을 극장, 마을 기업 등 50개의 단체와 가게가 있어.

이렇게 성미산 사람들은 마을 자치 모임인 '사람과 마을'을 중심으로, 공동 육아, 공동 교육, 공동생활을 하면서 마을을 이루고 살아가지. 사실 농촌이 아니라 도시에서 마을 공동체를 만드는 것은 훨씬 힘든 일이야. 왜냐하면 도시에서는 함께하는 생활보다 개인적인 생활을 더 중요하게 여기기 때문이야. 그래서 성미산 마을은 서울시에서 추진하는 도시 공동체 사업의 본보기가 되고 있어.

어떻게 공동육아에서 시작해서 마을 공동체까지 만들게 되었을까? 그것은 아이들을 행복하게 키우기 위해서는 좋은 어린이집만으로는 부족하기 때문이지. 아이들은 어린이집뿐 아니라, 자신들이 생활하는 마을 전체를 통해 배운단 말이야. 그래서 성미산 사람들은 "마을이 아이들을 키운다."는 생각으로, 좋은 어린이집뿐 아니라 좋은 마을을 만들기로 했어.

무엇보다 지금의 부모들이 마을이라는 환경 속에서 뛰어 놀았듯이, 아이들에게도 그런 마을을 만들어 주고 싶었던 거야. 마을 전체가 아이들의 놀이터가 되는 마을, 마을 어른들 모두가 아이들의 부모가 되는 마을, 아이들이 사라져도 금방 찾을 수 있는 그런 마을 말이야.

성미산 마을에는 없는 게 없어!

그래서 어린이집에 다니던 아이들이 초등학교에 갈 나이가 되자 '성미산 학교'를 만들었어. 성미산 학교는 일반 학교를 대신하는 대안 학교인데, 국내에서는 처음 만들어진 12년제 대안 학교야. 아이와 부모가 함께 책 읽는 문화를 위해 마을 책방인 '개똥이네 책놀이터'도 만들었지. 개똥이네 책놀이터는 말 그대로 책과 함께 노는 놀이터인데, 전래 놀이마당, 마음을 키우는 책 놀이, 피어나는 시 쓰기 같은 재미있는 프로그램이 있어.

그리고 내 아이에게 건강한 먹거리를 먹이고 싶다는 생각에서 생활 협동조합인 '두레 생협'을 만들었어. 두레 생협의 건강한 먹거리는 어린이집의 급식이 되기도 하지만, 주민들의 밥상이 되기도 하고 반찬 가게, 마을 식당

성미산 마을 극장은 우리나라 최초로 마을 주민들이 힘을 모아 만든 공동체 극장이야. 마을 주민들은 '성미산 어린이집'에서 시작하여 '성미산 마을'까지 만들었어.

의 식재료가 되기도 하지. 마을 식당인 '성미산 밥상'에서는 부모가 적립금을 묻어 두면 아이들끼리 식사를 할 수도 있다니, 아이들은 참 좋겠지? 마을에서 놀다가 배가 고프면, 돈이 없어도 성미산 밥상으로 가서 밥을 먹을 수 있으니까 말이야!

성미산 마을 입구에는 마을 카페인 '작은 나무'도 있어. 작은 나무는 누구나 편하게 오고갈 수 있는 마을 사랑방인데, 마을 사람들이 메뉴와 재료를 정하지. 또 성미산 사람들은 마을 한편에 건물을 짓고 마을 극장인 '성미산 마을 극장'을 만들었어. 성미산 마을 극장에서는 아이들이나 주민들이 주인공이 되어 공연이나 연극을 하기도 해.

그리고 성미산 마을에서는 공동 주택 사업인 '소통이 있어서 행복한 주택 만들기'를 하고 있는데, 줄여서 '소행주'라고 불러. 소행주는 이웃과 함께 사는 공동 주택인데, 소행주 1호 주택에는 아홉 가구가 6층짜리 집을 지어 같이 살고 있어. 한지붕 아래, 아홉 가족이 마치 한가족처럼 말이야!

무리 :
이탈리아의 주택 협동조합

튼튼한 집을 싸게 짓는 서민의 협동조합

이탈리아의 볼로냐는 1980년대까지만 해도 의사, 변호사 같이 돈이 많은 사람만 집을 살 수 있었어. 하지만 지금은 공장 노동자나 가난한 서민도 집을 살 수 있어. 그래서 1980년대에는 볼로냐 시민의 40%만 집을 갖고 있었는데, 지금은 85%가 집을 가지고 있지. 이렇게 볼로냐 시민의 대부분이 집을 가지게 된 것은 바로 주택 협동조합 덕분이라고 해.

이탈리아의 볼로냐에는 20개가 넘는 주택 협동조합이 있는데, 볼로냐 주택의 절반을 주택 협동조합에서 짓는다고 하니 대단하지! 볼로냐의 주택 협동조합 가운데 가장 큰 곳이 '무리'인데, 1963년에 만들어져 지금까지 1만 2천 채의 집을 지었고, 조합원이 2만 3천 명이나 된다고 해.

무리 협동조합은 세계 최고급 건축 자재를 사용하는 것으로 유명한데, 20년이 지나도 내부 수리 없이 집이 튼튼하지. 특히 친환경 자재를 사용하고, 태양광 설비를 갖춘 에너지 절약형 집을 짓고 있어. 그러면서도 볼로냐에 있는 다른 집보다 20%나 싸고, 임대료는 다른 집보다 40%나 싸다고 해. 그래서 무리 협동조합은 자연스럽게 볼로냐 지역의 집값 안정에 큰 역할을 하고 있어.

　우리나라 서민들은 이탈리아 볼로냐 시민들이 부러울 따름이야. 우리나라는 집값이 터무니없이 비싸서 두 사람 중 한 사람은 집이 없는데, 10년을 벌어도 집을 장만하기 힘들어. 집이 있는 사람도 집을 사느라 생긴 빚 때문

 협동조합 이야기 **Tip Box**

집은 있지만 가난하게 사는 하우스 푸어 (House Poor)

하우스 푸어(House Poor)는 집(House)과 가난한 사람(Poor)을 합친 말인데, 집은 있지만 가난하게 사는 사람을 말해. 집이 있으면 부자가 아닌가? 실제로는 그렇지 않아. 우리나라는 집값이 너무 비싸서, 사람들은 대부분 은행 같은 곳에서 빚을 얻어 집을 사게 되지. 그러다 보니 매달 빚을 갚느라 정작 생활은 쪼들리게 된단 말이야. 그래서 집은 있지만 가난한 사람인 하우스 푸어가 생기게 되는 거야.

에 쪼들리는 사람들이 많아. 그래서 집은 있지만 실제로는 가난하게 사는 하우스 푸어(House Poor)가 뉴스에 자주 등장하기도 하지.

집은 '투자의 수단'이 아닌 '생활의 공간'

어떻게 해서 무리 협동조합은 좋은 집을 싼 가격에 제공할 수 있을까? 반대로 우리나라는 왜 이렇게 집값이 비싼 걸까? 그것은 우리나라와 무리 협동조합이 집에 대해 서로 다르게 생각하기 때문이야. 우리나라에서 집은 돈을 벌기 위한 수단이지만, 무리 협동조합에서 집은 사람들이 살아가는 공간이거든.

우리나라에서 집값이 비싼 것은, 건설 회사에서 집을 돈벌이를 위한 수단으로 생각하기 때문이야. 건설 회사가 더 많은 이익을 남기기 위해 집값을 계속 올리는 거지. 그리고 팔리지 않는 아파트가 넘쳐나는 데도 불구하고 계속 아파트를 짓고, 이 아파트를 팔기 위해 또 엄청난 광고 비용을 쓰고 있어. 광고 비용도 모두 아파트 가격에 붙어서 집값을 올리게 되지.

또, 사람들이 집을 재산을 늘리는 투자의 수단으로 생각하기 때문에 집값이 높은 거야. 집을 이용해서 재산을 늘리려는 사람이 많아질수록 집값은 계속 올라갈 수밖에 없어. 그러다 보니 한쪽에는 1천 채가 넘는 아파트를 가지고 재산을 늘리는 사람이 있는가 하면, 한쪽에는 비싼 집값 때문에 월세집, 전셋집을 전전하거나 집이 없어 길바닥에서 자는 사람도 생기는 거야.

반대로, 무리 협동조합이 좋은 집을 싼 가격에 제공할 수 있는 것은, 건설 회사의 이익이 아니라 정말 집이 필요한 사람들을 위해 집을 짓기 때문이야. 다시 말해 건설 회사에서 만든 집을 사는 것이 아니라 내가 살 집을 직접 짓기 때문에, 우리나라에서 문제가 되는 건설 회사의 폭리나 부실 공사는 찾아볼 수 없어.

그리고 무리 협동조합이 좋은 집을 싼 가격에 제공할 수 있는 이유는, 이익금을 조합원을 위해 사용하기 때문이지. 무리 협동조합은 집을 짓는 목적이 더 많은 이익을 남기는 것이 아니기 때문에 최소한의 이익만 남긴단 말이야. 그 이익금도 모아 두었다가 다음 조합원들이 집을 짓는 데 사용하지. 이렇게 쌓인 적립금이 4천700만 유로(752억 원)나 된다고 해.

여기에 무리 협동조합은 내 집을 원하는 조합원을 위해 모든 제도를 갖추고 있어. 누구든지 50유로(7만 3천 원)만 내면 조합원이 되어 집을 사거나 빌릴 수 있어. 그리고 집값도 10년에 걸쳐서 사정에 맞게 내면 되지. 예를 들어 10년 동안 집을 빌려서 살다가 돈이 생겨서 집을 사게 되면, 10년간 낸 월세만큼 제하고 나머지 금액만 내면 된단 말이야. 집값이 2억 원인 집에서 10년간 살면서 월세로 1억 원을 냈다면, 1억 원만 더 내면 그 집을 살 수 있는 거야. 정말 행복한 일이지!

비도우레 :
덴마크의 풍력 협동조합

바람과 태양이 만드는
친환경 에너지의 나라, 덴마크

덴마크는 풍력 에너지, 태양열 에너지 같은 친환경 에너지 분야에서 세계 1위 국가야. 이런 친환경 에너지 덕분에 덴마크는 1970년대만 해도 에너지의 99%를 수입하던 에너지 수입국에서, 이제는 에너지 자급률이 145%나 되어 남는 에너지를 수출하는 에너지 수출국이 되었어.

덴마크는 어떻게 해서 친환경 에너지의 나라가 된 걸까?

그것은 무엇보다 석유, 원자력 같이 지구나 사람에게 해로운 에너지를 멀리하려는 생각 때문이었어. 지구 온난화와 환경 오염을 낳는 석유의 사용에 대해 심각하게 고민했어. 그리고 방사능 오염을 일으키는 위험한 원

푸른 바다와 하얀 풍력 발전기가 아름다운 그림을 이루고 있지! 바람의 나라, 덴마크는 전국 어디를 가든 바람으로 에너지를 만드는 풍력 발전기를 볼 수 있어.

자력 에너지도 포기하기로 했지. 그러다 1973년 세계적인 석유 위기로 석유값이 폭등하자 언젠가는 바닥이 날 수밖에 없는 석유 대신 새로운 에너지에 눈을 돌리게 되었어.

석유나 원자력처럼 쉽고 빠른 에너지보다, 지구와 사람을 위한 에너지가 무엇일까 생각했지. 그래서 찾아낸 것이 자연의 바람과 태양열을 이용한 풍력 에너지, 태양열 에너지였어. 덴마크는 석유를 줄이고 친환경 에너지를 늘려서, 2050년에는 석유를 전혀 사용하지 않는 것을 목표로 하고 있어.

북해의 바람이 휘몰아치는 바람의 나라 덴마크에서 바람은 사람들에게 폐병을 안겨 주는 반갑지 않은 환경이었어. 그런데 이제 거친 바람은 덴마크 사람들을 위한 에너지가 되고 있어. 덴마크 사람들은 풍부한 바람에서 에너지를 얻기 위해 곳곳에 풍력 발전기를 세웠고, 그래서 덴마크 어디를 가든 풍력 에너지를 만드는 하얀 풍차를 볼 수 있게 되었지.

풍력 에너지는 덴마크의 대표적인 에너지로, 순수한 바람의 힘으로 덴마크 전체 가구가 쓰는 전력을 생산해 내고 있어. 그리고 덴마크는 세계 해양 풍력 발전기의 90%를 만들고 있지. 그래서 "덴마크는 바람을 먹고 산다."는 말이 생겨났지 뭐야!

에너지도 협동조합으로 만든다!
비도우레 협동조합

풍력 에너지가 덴마크의 대표 에너지 자원이 된 데에는 협동조합의 힘이 컸어. 덴마크의 에너지 협동조합은 덴마크 에너지 산업의 60~70%를 차지하고 있지. 우리나라처럼 석유나 전기, 물 같은 에너지 사업을 정부에서 관리하는 것이 아니라, 덴마크에서는 주민들이 협동조합으로 운영해. 협동조합으로 못 할 것이 없다고 하지만, 협동조합으로 에너지를 만든다니 정말 놀라운 일이지!

덴마크 사람들은 어떻게 협동조합으로 에너지를 만들 생각을 하게 되었을까? 그것은 덴마크에는 농업 협동조합을 비롯하여 오랜 협동조합의 전통이 있었기 때문이야. "덴마크에서는 기차를 타고 옆자리에 앉은 사람과 이야기 하다 보면, 헤어질 때는 협동조합을 하나 만든다."는 말이 있다고 해. 그만큼 덴마크 사람들의 핏속에는 협동조합 정신이 흐르고 있나 봐.

비도우레 협동조합도 덴마크의 풍력 협동조합 중 하나인데, 비도우레 해안가에는 150m나 되는 커다란 풍력 발전기가 돌아가고 있어. 비도우레 협동조합은 2007년에 에릭 톰손을 비롯한 4명이 50크로네씩 출자하여 200크로네(4만 원)로 시작했어. 지금은 2천 명이 넘는 조합원에다, 비도우레 지역의 5천 가구에 전기를 공급할 정도로 크게 성장했지.

그런데 비도우레 해안에 풍력 발전기를 세우는 것은 쉬운 일이 아니었어. 풍력 에너지가 친환경 에너지라는 좋은 점이 있지만, 풍력 발전기의 커다란 날개가 돌아가면서 내는 시끄러운 소리가 문제였던 거야. 그래서 처음에 정부에서 풍력 발전기를 세우려고 했을 때, 주민들은 크게 반발하고 나섰어.

이때 정부와 주민들 사이에서 중재자로 나선 것이 바로 비도우레 풍력 협동조합이야. 비도우레 협동조합은 정부의 풍력 발전기를 일방적으로 받아들이는 것이 아니라, 주민들이 풍력 발전기를 소유하고 운영하는 협동조합 방식을 제안했어. 비도우레 협동조합은 주민들에게 풍력 에너지가 환경 보호에 기여하면서도 돈도 벌 수 있다고 설득했지. 주민들은 같은 지역 주민들로 이루어진 협동조합이 설득하자 풍력 발전기를 세우기로 했어. 그리고 비도우레 협동조합은 정부에게 적극적으로 주민들의 입장을 대변했지. 정부도 주민들의 반대 없이 풍력 발전기를 세우게 되니까 당연히 찬성했고. 이렇게 해서 협동조합으로 풍력 에너지를 생산하게 된 거야.

무엇보다 비도우레 조합원들은 후손들에게 깨끗한 에너지를 물려주고 지구 환경을 지킨다는 마음에서 풍력 발전에 투자하게 되었다고 해. 그리고 풍력 발전기의 주인이 조합원들이기 때문에 풍력 발전으로 생기는 이익의 11%는 조합원들에게 돌아가지. 환경도 지키면서 높은 이익도 얻게 되니, 비도우레 조합원들은 두 마리 토끼를 한 번에 잡은 셈이야!

8장

세계의
문화 예술 협동조합

문화와 예술은 사람들의 감성을 따뜻하게 하고 상상력을 깨우지. 문화 예술과 협동조합의 아름다운 만남이 바로 문화 예술 협동조합이야. 협동조합으로 연극도 하고, 협동조합으로 벽화도 그리고, 협동조합으로 축제도 하고, 협동조합으로 축구팀도 만들지.

8장에서는 문화 예술 활동이 왜 협동조합 방식과 잘 맞는지 알아볼 거야. 문화 예술 협동조합에는 '문화 예술을 만드는' 예술가들의 협동조합과 '문화 예술을 즐기는' 관객들의 협동조합이 있어.

예술가들의 협동조합으로는 이탈리아의 어린이 연극 협동조합인 바라카를 방문하고, 관객들의 협동조합으로는 스페인의 축구팀 협동조합인 FC 바르셀로나로 갈 거야. 마지막으로 미국의 언론 협동조합인 AP통신까지 함께 가 볼까?

문화 예술 활동을 위한
문화 예술 협동조합

문화와 예술도 협동조합으로 한다!

문화 예술과 협동조합은 얼핏 보면 어울리지 않을 것 같지? 그러나 문화 예술 협동조합에 참여하고 있는 사람들은 문화 예술과 협동조합이 참 잘 맞는다고 해. 음악가, 미술가, 연극배우 같은 예술가들도 협동조합에 적극적이야.

음악, 그림, 연극을 만들 때도, 혼자 하는 것보다 협동조합으로 공동 창작을 할 때 훨씬 좋은 결과물이 나온다는 것을 경험했기 때문이지. 그리고 예술 활동을 통해 만들어진 음악, 미술, 연극 같은 작품들을 발표하고 홍보하기 위해서도, 혼자보다 협동조합에서 함께 하는 것이 훨씬 힘이 되지. 무엇보다 예술 활동은 이익을 내기 힘들기 때문에 예술가들은 대부분 가난한

데, 경제적으로 자립하기 위해서도 협동조합이 유리한 방법이라는 거야.

　스포츠 클럽도 대기업 구단으로 운영하는 것보다, 협동조합 구단으로 운영하는 것이 더 유리하다고 해. 우리나라 프로야구팀인 삼성 라이온스, 롯데 자이언츠, LG 트윈스, SK 와이번스는 모두 대기업 구단이야. 대기업이 구단의 주인이고, 그래서 구단의 이름도 모두 대기업의 이름을 따르고 있지. 반면 스페인의 FC 바르셀로나, 영국의 FC 유나이티드는 협동조합 구단이야. 팬클럽이 구단의 주인이고, 그래서 구단의 회장도 조합원들이 직접 뽑아.

　영국의 FC 유나이티드는 맨체스터 유나이티드의 팬들이 만든 축구팀이야. 2005년 맨체스터 유나이티드가 미국의 사업가인 맬컴 글레이저에 인수되자, 일부 팬들은 순수한 축구 구단이 상업적으로 이용되는 것에 반대하여 자금을 모아 협동조합으로 구단을 만들었어. 대기업 구단에 반대하여 협동조합 구단을 만든 거지.

　FC 유나이티드의 경영자는 "모든 축구팀은 협동조합 방식으로 운영되어야 한다."고 주장했어. 팬클럽 회장은 한발 더 나아가서 "축구는 곧 협동조합"이라고 해. 왜냐하면 축구팬들이 구단을 소유하고 투표를 통해 구단을 운영하는 협동조합 방식이 사람들을 더 탄탄하게 결속시키기 때문이지. 그리고 선수들도 협동조합으로 운영되는 축구팀일수록 개인보다 팀 전체의 협동을 더 중요하게 여기기 때문이야. 협동조합이 축구팀을 운영하는 데도 유리하고, 축구 경기에도 더 좋은 영향을 미친다는 사실!

유럽의 재미있는 문화 예술 협동조합

유럽에는 문화 예술 분야에 3천여 개의 협동조합이 있고 3만 2천 명의 노동자가 일하고 있어. 예술 창작 협동조합, 도서관이나 박물관 협동조합, 스포츠나 레크리에이션 협동조합 같은 다양한 문화 예술 협동조합이 있지. 이 가운데 이탈리아, 스페인, 프랑스의 협동조합이 활발하게 활동하고 있어.

유럽에서 문화 예술 협동조합이 활발한 것은, 유럽의 문화 예술 전통 때문이야. 천재 미술가 다빈치와 미켈란젤로를 낳은 이탈리아, 조각가 로댕과 화가 밀레의 나라 프랑스, 음악가 베토벤과 문학가 괴테가 유명한 독일, 화가 피카소와 건축가 가우디의 스페

스페인의 천재 건축가 가우디가 설계한 사그라다 파밀리아 성당이야.

인, 셰익스피어의 영국, 고흐의 네덜란드에 이르기까지, 유럽은 음악, 미술, 건축에 걸친 문화 예술의 전통이 흘러넘치는 곳이야. 이러한 문화 예술의 전통이 문화 예술 협동조합으로 이어진 거야.

세계의 대표적인 문화 예술 협동조합에는 어떤 곳이 있을까? 이탈리아는 어린이 연극 협동조합인 바라카, 청소년 문화 협동조합인 에르메떼, 문화 교육 협동조합인 쏘시오 쿨뚜랄레, 문화 협동조합 공동 사업단인 콘소르지오 베니 쿨뚜랄리 이탈리아가 대표적이야. 프랑스에는 벽화 창작 협동조합인 씨떼 크레아씨옹, 문화 예술 창업 지원 협동조합인 아리텅헤엘 그리고 영국에는 청소년 문화 예술 협동조합인 컬처 커넥션이 유명하지. 스페인의 FC 바르셀로나와 영국의 FC 유나이티드도 협동조합 축구팀인데, FC는 Football Club(축구팀)을 줄인 말이야.

문화 예술을 활용해서 지역을 새롭게 변화시킨 협동조합도 있어. 프랑스의 공익 협동조합인 라프리쉬는 폐업한 담배 공장을 예술가들의 창작 공간으로 바꾸고, 나아가 마르세유 지역의 문화를 활성화시켜 마르세유를 2013년 유럽의 문화 수도로 선정되도록 했지. 한편 영국의 해크니 지역 개발 협동조합은 노숙자, 마약 중독자, 이민자들이 섞여 범죄의 온상이었던 해크니 지역을 올림픽, 정부 행사, 어린이 놀이 같은 행사와 축제가 열리는 문화 예술의 공간으로 바꾸어 놓았어.

바라카 :
이탈리아의 어린이 연극 협동조합

어린이 연극을 위한 전용 극장, 테스토니

이탈리아의 볼로냐에는 어린이를 대상으로 하는 어린이 연극 전용 극장 테스토니가 있어. 어린이 연극만을 전문으로 한다니 재미있지? 그런데 더 재미있는 것은 테스토니 극장은 바라카라는 협동조합이 운영하고 있다는 거야. 이번에 찾아갈 곳이 바로 어린이 연극 협동조합 바라카야.

먼저, 테스토니 극장이 어떻게 생겼는지 둘러볼까? 테스토니 극장은 아담한 4층 건물이야. 어린이 극장답게 아이들에 맞게 만들어진 화장실을 비롯해서, 알록달록한 소파에다 아이들의 흔적이 묻은 크레파스 그림들과 아이들 사진이 걸려 있네. 상상만 해도 즐겁지? 그리고 연극과 공연을 볼 수 있는 400명 자리의 대극장과 100명 자리의 소극장이 있어.

이제 연극 공연이 열리는 극장으로 들어가 볼까? 무대에는 〈달빛 작은 배〉라는 연극이 공연 중이군. 쉿! 조용히! 아이들이 초롱초롱 눈을 빛내며 연극을 보고 있어. 아이들의 꿈 이야기 같은 이 연극은 우리나라와 세계 여러 나라에서도 공연된 유명한 연극이야.

 무대 위에는 잔잔한 바다의 작은 배 하나가 밤하늘의 달과 이야기하고 있네. 작은 배는 달에게 가고 싶어 하지. 작은 배는 물고기와 춤추고, 별들과 이야기하고, 새들과 장난치고, 고래의 이야기를 들으며 달에게 갈 수 있

어린이 연극 〈달빛 작은 배〉 바라카 협동조합에서 상연하는 어린이 연극 〈달빛 작은 배〉는 달에게 가고 싶어 하는 작은 배의 소망을 담고 있어.

는 방법을 물어보지만……. 작은 배는 달에게 갈 수 있을까?

테스토니 극장에서는 1~2명이 출연하는 인형극부터 어린이를 위한 연극과 공연을 1년에 150개나 하고 있어. 어린이 연극만 150개라니, 정말 대단하지! 볼로냐의 어린이들은 보통 1년에 2~3번은 연극을 보러 테스토니 극장을 찾는다고 해. 테스토니 극장은 9월부터 다음 해 5월까지 연극을 공

연하는데, 1~14세까지 어린이 나이에 맞는 연극을 따로 볼 수 있어. 정말 어린이를 위한 극장이라는 말이 실감나지?

그리고 어린이들과 함께하는 '비지오니'라는 연극 축제를 열고 있어서, 볼로냐의 어린이들은 직접 연극 공연에도 참가할 수 있어. 정말 신나는 일이지? 이렇게 볼로냐의 어린이들은 어릴 때부터 연극을 자주 보고 직접 참여도 하게 되니까, 자연스럽게 상상력이 커지고 예술적인 재능도 발견할 수 있을 거야.

그리고 바라카는 세계 무대에도 활발히 서고 있는데, 그동안 미국, 멕시코, 일본, 러시아 등에서 공연을 했어.

특히 바라카는 '스몰 사이즈, 빅 시티즌(small size, big citizens)'이라는 유명한 유럽의 어린이 예술 축제에 3번이나 초청되었어. '어린이는 작지만 큰 시민'이라는 뜻을 가진 이 예술 축제는 이탈리아의 바라카를 비롯해서, 유럽 12개 국가의 예술 단체가 참여하는 어린이를 위한 합동 축제야.

어린이의 상상력을 키우는
바라카 협동조합

테스토니 극장을 운영하고 있는 바라카 협동조합은 1976년에 연극인들이 모여 기업으로 시작했어. 그러다가 1979년에 협동조합으로 옷을 갈아입었지. 바라카는 이탈리아 말로 '오두막'을 뜻하는데, 어린이를 위한 협동조합으로 정말 잘 어울리는 이름이지?

특히 바라카 협동조합은 연극이 협동조합과 많이 닮았다고 말해. 연극은 여러 사람이 함께 작업하는 것인데, 협동조합의 기본이 바로 사람들과 함께 협동하는 것이기 때문이야. 그래서 이탈리아에서는 어린이를 위한 연극 단체가 대부분 협동조합으로 운영되고 있어.

그런데 연극은 비용이 많이 들어서 이익을 내기가 어려워. 그래서 우리나라에서도 연극을 하는 극단들이 문을 닫는 경우가 많아. 바라카는 어려운 환경 속에서도 어떻게 연극을 계속 할 수 있을까? 그것은 바라카의 협동조합 방식과 이탈리아 정부, 볼로냐시의 지원 덕분이야.

바라카는 배우, 관람객, 자원봉사자가 조합원으로 가입하여 자금을 내서 운영하는 협동조합이야. 그래서 이익이 나면 조합원이 모두 가져가지 않고, 이익의 일부는 반드시 협동조합에 남겨 다시 어린이 연극을 위해 사용하지. 이런 협동조합 방식이 바라카가 어려움을 넘는 데 큰 힘이 되었던 거야.

그리고 이탈리아 정부와 볼로냐시는 바라카를 적극적으로 지원하고 있어. 볼로냐시는 테스토니 극장을 100년간 무상으로 빌려주고, 이탈리아 정부와 함께 바라카 운영 비용의 30~35%를 지원해 주고 있지.

그런데 왜 바라카 협동조합은 어른이 아니라 어린이를 위한 연극을 하는 걸까? 그리고 왜 이탈리아 정부와 볼로냐시는 바라카 협동조합을 지원하는 걸까?

테스토니 극장에 있는 한 권의 책 《어린이를 위한 예술 헌장》에 그 해답이 있는데, 이 헌장은 "모든 어린이는 예술을 누릴 권리가 있다."고 말해.

바라카 협동조합과 이탈리아 정부, 볼로냐시는 '어린이의 예술을 누릴 권리'를 중요하게 여기고, 어릴 때부터 예술을 접할 때 예술적 감성이 깨어날 거라고 생각하는 거야. 그런데 예술이나 연극은 대부분 어른을 위한 것이고, 어린이에게 맞는 것은 찾아보기 힘들지. 그래서 어린이만을 위한 연극을 만들고 지원하게 된 거야.

이렇게 사회 전체가 어린이의 예술적 상상력을 중요하게 생각하기 때문에, 이탈리아에서 훌륭하고 멋진 예술가가 많이 나오는 게 아니겠어!

FC 바르셀로나 :
스페인의 축구팀 협동조합

세계가 사랑하는 세계 최강의 축구팀,
FC 바르셀로나

아! 이번에는 세계적으로 유명한 축구팀인 스페인의 FC 바르셀로나로 가 보자. 축구를 좋아하는 친구라면 FC 바르셀로나의 이름만 들어도 가슴이 뛰지?

FC 바르셀로나는 지금까지 세계적인 FIFA월드컵 2회 우승을 비롯하여, UEFA챔피언스 리그 등 유럽 대회, 프리메라 리가 등 스페인 대회에서 무려 100회나 넘게 우승했어. 정말 입이 떡 벌어지는 팀이지? 그래서 스페인과 유럽을 넘어 전 세계에 1천600개의 팬클럽을 가지고 있는, 세계인이 사랑하는 축구팀이야.

그런데 FC 바르셀로나가 협동조합이 만든 축구 구단이라는 것을 아는 친구들은 거의 없을 거야. FC 바르셀로나는 1899년 스페인 카탈루냐 지역의 바르셀로나에서 호안 캄페르에 의해 시작되었어. 축구 선수였던 호안 캄페르는 지역 신문에 축구팀을 만들자는 광고를 냈고, 축구를 사랑하는 시민들이 모이면서 팀을 창단하게 되었지. 현재 FC 바르셀로나는 전 세계 19만 명의 조합원이 운영 자금을 내는 큰 협동조합으로 성장했어.

이렇게 FC 바르셀로나가 스페인뿐만 아니라 세계인의 사랑을 받게 된 것은 왜일까? 물론 축구를 잘해서도 있지만, 더 중요한 것은 FC 바르셀로나가 '축구 클럽 이상(More than a club)'이기 때문이야. FC 바르셀로나는 스스로 '축구 클럽 이상'이라고 말하고 있는데, 단순히 축구팀에만 머물지 않고 그 이상을 위해 뛴다는 거야. 이것 때문에 FC 바르셀로나는 다른 축구팀과 구별되는 독특한 개성을 갖게 되었지. FC 바르셀로나는 어떤 면에서 다른 축구팀과 다를까? FC 바르셀로나를 '축구 클럽 이상'으로 만드는 건 무엇일까?

'축구 클럽 이상' FC 바르셀로나 협동조합

FC 바르셀로나를 '축구 클럽 이상'으로 만드는 것은 FC 바르셀로나가 협동조합이라는 사실이야. 보통 프로 스포츠 팀은 대기업이 주인이지만, FC

바르셀로나의 주인은 19만 명의 조합원이야. 그래서 다른 축구팀에서는 대기업이 구단주를 임명하지만, FC 바르셀로나는 19만 조합원이 투표로 구단주를 선출하지. 그리고 조합원 총회를 통해 팀의 미래를 결정하고, 조합원이 참여해서 민주적으로 축구팀을 운영하고 있어.

　이러한 협동조합의 바탕은 FC 바르셀로나를 강하게 만드는 경쟁력이 되고 있어. 축구 전문가들은 팀 전체의 호흡으로 이루어진 FC 바르셀로나의 경기를 한마디로 '예술'이라고 하지. 과거에는 뛰어난 축구 선수 개인이 중

요했지만, 이제는 축구팀 전체의 협동이 중요해지고 있거든.

　FC 바르셀로나의 축구가 강한 것은 "공을 개인이 소유하지 않고, 팀 전체가 공유하기 때문"이라는 거야. 다시 말해 개인이 돋보이기 위해 공을 독점하는 것이 아니라, 팀 전체의 승리를 위해 공을 함께 나눌 때 축구는 강해진다는 것! 모든 선수가 팀의 승리를 위해 '개인의 이익'을 포기할 때, '예술적인 팀 플레이'가 나온다는 거지. 그런데 이러한 FC 바르셀로나의 팀 플레이는 바로 협동조합 정신에서 나온다고 해. 사람들이 서로 협동하는 협동조합 정신이, 경기에서도 공을 공유하는 모습으로 나타나는 거지.

　그리고 협동조합의 정신은 FC 바르셀로나를 어려운 이웃을 위해 뛰게 했어. 2006년 FC 바르셀로나 선수들은 유니폼에 기업 로고가 아니라 국제 자선 단체인 유니세프 로고를 달고 나왔어. 세계적으로 유명한 축구팀은 대기업에서 거액의 광고비를 받고 유니폼에 기업 로고를 붙여 기업 광고를 해 왔어. 그러나 FC 바르셀로나는 창단 이후 100년이 넘게 유니폼에 기업 광고를 하지 않는 것으로 유명했지.

　그런데 2006년 유니세프 로고를 달고 처음으로 유니폼에 광고를 한 거야. 하지만 이 광고는 유니세프에서 돈을 받는 게 아니라, 오히려 어린이 에이즈 퇴치를 위해 유니세프에 기부하는 광고였어. 다른 축구팀들이 돈을 받고 기업 광고를 할 때, FC 바르셀로나는 오히려 돈을 주면서 자선 단체를 홍보하고 나선 것! 정말 훌륭하지? 그래서 사람들이 FC 바르셀로나를 '축구 클럽 이상'이라고 하는 거야! 2013년부터는 팀이 어려워져서 항공사의 로고를 달고 있지만 말이야.

'축구 클럽 이상'
FC 바르셀로나의 저항 정신

FC 바르셀로나가 '축구 클럽 이상'이 된 또 다른 이유는 독재 정권에 맞선 역사적 전통 때문이야. 스페인은 1492년 카스티야, 카탈루냐, 갈리시아, 아라곤 같은 여러 민족이 합쳐져 만들어진 국가야. 하나의 국가가 된 이후에도 각각의 민족이 가진 언어, 문화, 국경, 민족의식은 여전히 중요하게 남아 있었어. 그래서 스페인 정부는 카스티야어, 카탈루냐어, 갈리시아어, 바스크어를 공식 언어로 인정했고, 각 민족들은 원래 이름 그대로 그 지역에서 자치권을 행사하는 17개의 자치주를 구성했지.

그런데 군대를 앞세운 프랑코 군사 정권이 등장하면서, '하나의 스페인'이라는 기치 아래 스페인 내부의 민족들이 가진 자치권과 언어를 금지시켰어. 이러한 프랑코 독재 정권에 가장 크게 저항했던 지역이 바로 카탈루냐와 바스크였어. 그래서 카탈루냐와 바스크는 1939년 프랑코 정권이 들어선 이후부터 1975년 독재자 프랑코가 죽기까지 36년 동안 끔찍한 탄압을 받아야 했어.

카탈루냐 지역의 수도인 바르셀로나는 프랑코 독재 정권에 대항하는 저항 운동의 중심에 서 있었지. 대중적인 집회가 금지되었던 시절, FC 바르셀로나의 축구 경기는 자연스럽게 사람들이 모이는 계기가 되었어. 프랑코 정권은 학교에서도 거리에서도 카탈루냐어를 금지시켰지만, 축구장에서는 어쩔 수 없었지. 이 때문에 FC 바르셀로나는 독재 정권에 맞서는 저항의 상징으로 '축구 클럽 이상'이 된 거야.

그래서 프랑코 정권은 축구팀에 불과했던 FC 바르셀로나에 엄청난 탄압

FC 바르셀로나의 구장에는 '축구 클럽 이상'이라는 문장이 표시되어 있어.

을 퍼부었지. 1937년에는 바르셀로나의 진보적인 사상을 대표하던 FC 바르셀로나의 호셉 수뇰 회장이 프랑코 군인들에 의해 살해당하는 일이 벌어졌어. 또 1938년 프랑코 정권을 지지하던 세력들이 FC 바르셀로나 구단 사무실에 폭탄을 던지는가 하면 선수와 구단 사람들을 협박하기도 했어. 카탈루냐어와 카탈루냐 국기 사용을 금지했기 때문에, 1939년 FC 바르셀로나의 이름은 'CF 바르셀로나'로 바꾸고 팀 로고에서도 카탈루냐 국기가 삭제되었어.

카탈루냐 지역을 대표하는 FC 바르셀로나가 스페인 정권으로부터 탄압을 받은 것과 반대로, 카스티야 지역을 대표하는 축구팀 레알 마드리드는 스페인 정권의 사랑과 지지를 받았어. 레알 마드리드가 있는 카스티야 지역은 대대로 스페인 권력의 중심 지역이었기 때문이야.

그래서 아직도 FC 바르셀로나와 레알 마드리드의 경기는 '엘 클라시코(El Clasico. 전통의 경기)'라고 부르며, 다른 경기하고는 비교할 수 없을 정도로 열광적이야. 이렇게 FC 바르셀로나와 레알 마드리드의 대결에는 짧게는 100년, 길게는 300년의 스페인 역사가 숨 쉬고 있어.

AP통신 :
미국의 언론 협동조합

세계 3대 통신사, AP통신 협동조합

　미국의 AP(Associated Press)통신은 프랑스의 AFP통신, 영국의 로이터통신과 함께 세계 3대 통신사로 유명하지. AP통신은 전 세계에 300개 지국을 가지고, 120개국에서 8천500개의 신문사, 통신사, 방송국에 뉴스를 제공하는 세계 최대 규모의 통신사야. 우리나라의 연합뉴스, 일본의 교도통신, 중국의 신화통신도 모두 이런 역할을 하는 통신사야.

　AP통신은 영어, 독일어, 프랑스어, 스페인어, 네덜란드어 등 5개 언어로 발행되고, 문자, 사진, 그래픽, 음성, 영상 같은 다양한 형태의 뉴스를 제공하고 있어. 특히 AP통신사는 미국에서 가장 권위 있는 보도상인 퓰리처상을 49번이나 받을 만큼 실력도 뛰어나지. 그런데 AP통신도 미국에 있는 1

천700개의 신문사, 잡지사, 방송국이 조합원으로 참여하고 있는 언론 협동조합이야!

통신사는 다른 신문사나 잡지사, 방송국에 뉴스를 제공하는 언론사를 말해. 신문사, 잡지사, 방송국이 독자나 시청자들에게 뉴스를 제공한다면, 통신사는 이런 언론사들에게 뉴스를 제공하지. 한마디로 말해 통신사는 '언론사들의 언론사'라고 할 수 있지. 하나의 언론사가 세계 곳곳의 뉴스를 모으기 위해서는 엄청난 경비와 시간, 인력이 필요하기 때문에, 언론사들을 대신하여 세계의 뉴스를 모아 제공하는 통신사가 생겨난 거야.

AP통신도 같은 이유에서 탄생되었는데, 1848년 뉴욕의 6개 신문사가 유럽의 뉴스를 공동으로 취재하기 위해 만든 '항구 뉴스 협회'가 시작이었어. 1840년대 뉴욕 항구에 유럽에서 큰 배가 들어오는 날이면 항구는 언제나 북적거렸어. 유럽에서 들어오는 배는 사람과 물건뿐 아니라 유럽에서 일어나는 최신 소식도 함께 싣고 왔지. 영국의 새로운 식민지 소식에서부터, 은행가 소식, 여성들의 패션 유행에 이르기까지, 유럽의 모든 소식은 미국의 신문사들에게 흥미로운 뉴스거리였어.

그래서 신문사들은 조금이라도 먼저 뉴스를 듣기 위해 치열한 경쟁을 벌였어. 심지어 큰 배가 항구에 도착하기도 전에 작은 배를 빌려서 큰 배에 올라타는 기자들까지 생겨났으니까! 작은 배를 빌리기 위한 쟁탈전이 벌어지면서 배값이 말도 못하게 치솟았고, 유럽의 뉴스를 전해 주는 정보원에 대한 사례비도 만만치 않았지.

그러다 신문사들은 문득 깨달았어! 모든 신문사가 이 엄청난 비용을 들여서 얻는 뉴스가 결국은 똑같은 내용이라는 거야. 하나의 회사를 만들어 공동으로 취재하면 비용이나 노력을 절약할 수 있겠다 싶었지. 그래서 당

시 신문기자였던 데이비드 헤일의 제안에 따라 뉴욕의 6개 신문사가 비용을 모아 만든 것이 항구 뉴스 협회야.

언론의 공정성을 지키는 힘, 협동조합

AP통신은 협동조합이기 때문에 운영하는 방식도 다른 통신사와 달라.

예를 들어 미국의 UPI통신은 뉴스를 신문사나 방송국에 판매하는 상업적인 방식으로 운영하고, 러시아의 TASS통신은 국가가 운영하는 국영 통신사야. 그리고 우리나라 연합뉴스의 경우, 정부와 KBS, MBC가 연합뉴스 재산의 80% 이상을 가지고 있어.

이와 달리 AP통신은 협동조합 방식으로 운영하고 있어. 미국의 1천700개 언론사가 조합원으로 참여하여 발행 부수에 따라 공동으로 경비를 분담해서 운영하고 있어. 다시 말해 1천700개의 언론사가 AP통신의 주인인 거지. 그래서 AP통신은 더 많은 이익을 내기 위해 운영하는 것이 아니라, 조합원인 언론사들의 필요를 위해 운영하고 있어.

이러한 AP통신의 협동조합 방식은 언론의 공정성을 지키는 무기가 되고 있어. 언론은 독자나 시청자의 알 권리를 위해 있는 그대로 보도하는 공정성이 생명이야. 어떤 외부의 간섭이나 압력에도 꿋꿋하게 정확하고 올바른 사실만을 보도하는 것이 언론의 역할이지.

그런데 국영 통신사는 국가가 운영하기 때문에, 국가의 간섭을 받을 수밖에 없겠지. 그리고 일반 언론사는 언론사를 소유한 기업이나 언론사 수익을 좌우하는 광고 기업의 압력 때문에 언론의 공공성이 약해진단 말이야.

그러나 협동조합으로 운영되는 AP통신은 조합원으로 참여하고 있는 언론사들이 주인이기 때문에, 국가나 대주주의 간섭을 받을 필요가 없어. 그리고 더 많은 이익이 목적이 아니기 때문에, 광고주의 압력에 휘둘리지 않아. 그래서 독자나 시청자를 위해 공정하게 보도하는 언론의 역할에 충실할 수 있는 거야.

2012년 미국 정부가 AP통신에서 일하는 기자들의 전화 통화 기록을 조사했을 때도, AP통신은 언론의 자유를 위해 강하게 맞섰어. 이렇게 AP통신이 미국 정부에 대해 거침없이 맞설 수 있었던 것도, 바로 AP통신이 조합원이 주인인 협동조합이기 때문이지.

이처럼 협동조합이 운영하는 통신사나 언론사는, 국가가 운영하는 언론사나 기업에서 운영하는 언론사에 비해 언론의 역할에 충실할 수 있어. 그래서 다른 분야보다 언론 분야에서 협동조합이 더욱 필요하다는 결론!

9장

세계의 협동조합 도시

이번에는 도시 전체가 협동조합으로 운영되는 '협동조합의 도시'로 가 보자. 협동조합의 도시에서는 어디를 가도 협동조합과 만나지. 협동조합 회사, 협동조합 매장, 협동조합 유치원, 협동조합 은행, 협동조합 병원, 주택 협동조합, 택시 협동조합, 연극 협동조합….

9장에서는 협동조합의 도시를 만드는 것이 왜 모든 협동조합의 꿈인지 알아볼 거야. 그리고 유럽 협동조합의 수도라고 불리는 이탈리아의 볼로냐로 가서 작은 도시 볼로냐가 어떻게 유럽에서 제일 잘사는 도시가 되었는지 살펴보자. 그리고 캐나다의 퀘벡으로 날아가서 퀘벡의 협동조합이 위기에 빠진 지역 경제를 어떻게 살려 냈는지도 들어 보고.

마지막으로 우리나라 협동조합의 희망인 원주로 가서 어려운 상황 속에서 협동조합들이 어떻게 서로에게 힘이 되었는지, 그리고 지역 주민들에게 믿음을 얻게 되었는지 들어 보자.

도시 전체가 협동조합으로 운영되는 협동조합 도시

모든 협동조합은 '협동조합의 도시'를 꿈꾼다!

협동조합의 도시는 협동조합이 지역 경제의 중심 역할을 하는 도시를 말해. 협동조합의 도시를 건설한다는 것은 모든 협동조합이 꿈꾸는 이상이지. 협동조합 하나를 제대로 만들기도 힘든데, 도시 전체를 협동조합으로 바꾼다니 우리에게는 기적 같은 일이야.

세계적인 협동조합의 도시인 이탈리아의 볼로냐 트렌토, 스페인의 몬드라곤, 캐나다의 퀘벡에서는 협동조합이 어느 한 분야에만 있는 것이 아니라, 농업, 주택, 육아, 교육, 문화, 사회 복지 등 경제 활동의 모든 곳에서 사업을 펼치고 있어. 그래서 이곳의 시민들은 태어나서 죽을 때까지 협동조합만으로 모든 생활을 할 수 있을 정도라고 하니 부러울 따름이야!

앞서 말한 협동조합의 도시들은 모두 공통점을 가지고 있어. 협동조합과 협동조합이 협동하고, 이것을 지역 전체의 협동으로 넓혀 나갔다는 거야. 그런데 잘 생각해 보면 이 협동조합 도시뿐 아니라, 우리가 살펴본 모든 협동조합이 협동조합 사이의 협동과 지역을 위한 협동에 앞장서고 있었던 것을 알 수 있지?

이웃 협동조합이 어려우면 서로 돕고, 한 협동조합에서 실업자가 생기면 다른 협동조합에서 일자리를 마련하고, 어떤 사업은 공동 사업단을 꾸려 같이 하기도 해. 그리고 협동조합의 사업을 통해 지역에 일자리를 마련하고, 지역 주민들에게 안전한 먹거리와 주택, 은행, 육아, 교육, 문화, 복지 서비스를 제공하지.

국제 협동조합 연맹(ICA)도 협동조합의 7대 원칙에서 '협동조합 간의 협동'과 '지역 사회에 대한 기여' 원칙을 강조하고 있어. 협동조합은 협동을 기본 원리로 하고 있기 때문에, '조합원 간의 협동'은 '협동조합 간의 협동'으로 이어지고, 이것은 다시 '지역을 위한 협동'으로 나아가야 한다는 거야.

왜 협동조합은 '협동조합의 도시'를 꿈꿀까?

왜 모든 협동조합은 하나의 협동조합에 머물지 않고, 협동조합 사이의 협동이나 지역 전체의 협동으로 나가려고 할까? 물론 협동조합끼리 협동을 하면 협동조합이 더 튼튼해지고, 지역 주민들에게 신뢰를 얻으면 협동조합이 더 성장하겠지. 그러나 이것보다 더 중요한 것은, 협동조합끼리 협동하고 지역으로 사업을 넓히지 않으면 협동조합은 살아남기 힘들다는 거야. 즉, 협동조합에게 '협동'이란 '선택'이 아니라 '필수'라는 거지. 일반 기

업들은 '경쟁'에서 이겨야 살아남지만, 협동조합은 '협동'해야 살아남거든. 왜 그럴까?

　우리는 대형 마트가 들어오면, 동네의 슈퍼마켓이나 전통 시장이 망하는 것을 흔히 보게 되지. 또 대기업 빵집이 문을 열면, 동네 빵집은 문을 닫게 되고 말이야. 이처럼 중소기업이나 전통 시장 상인들이 막강한 자금과 광고로 무장한 대기업과 경쟁해서 이기는 것은 거의 불가능해.

　그렇다면 대기업에 맞서서 협동조합이 살아남을 수 있는 방법이 무엇일까? 그것은 협동조합끼리 서로 물건을 팔아 주고, 지역 주민들이 협동조합의 물건을 많이 사도록 하는 거야. 우리가 대기업의 물건을 사면 그 이익은 모두 대기업으로 빠져나가지만, 협동조합의 물건을 사면 그 이익은 고스란히 협동조합 내부와 지역 내부에 쌓이게 되지. 그래서 협동조합의 이익은 다시 새로운 협동조합을 만들거나 지역 경제를 살리는 데 쓰이게 되고.

　이렇게 협동조합을 중심으로 지역의 이익이 다시 지역 경제를 위해 쓰이도록 하는 '순환 경제'를 만드는 것은 아주 중요한 일이야. 그렇게 되었을 때, 협동조합도 살아남고 지역 주민들도 더 잘살게 될 테니까 말이야. 이것이 세계의 많은 협동조합이 협동조합 간의 협동을 강화하고 지역으로 사업을 넓히는 이유야.

이탈리아의 볼로냐 :
유럽 협동조합의 수도

볼로냐는 어떻게
유럽에서 가장 잘사는 도시가 되었나?

이탈리아의 볼로냐는 인구 40만 명으로, 작지만 유럽에서 가장 잘사는 5대 도시 중 하나야. 볼로냐의 1인당 소득은 4만 달러가 넘는데, 이탈리아나 우리나라의 1인당 소득인 2만 달러의 2배나 되는 거야. 반대로 볼로냐의 실업률은 4% 정도인데, 이탈리아 전체 실업률 12%의 3분의 1 정도야.

소득이 높은 데다 일자리까지 탄탄해서, 볼로냐 시민들의 행복지수는 유럽에서 1, 2위를 차지한대. 미국이나 일본, 우리나라처럼 국민 소득은 높지만 막상 일자리가 없어 힘들게 살아간다면 행복할 수는 없겠지.

세계적인 대기업이나 큰 공단이 있는 것도 아닌데, 작은 도시 볼로냐가 이렇게 풍요롭게 잘사는 이유는 무엇일까?

볼로냐의 경제력을 뒷받침하는 게 바로 협동조합이야. 볼로냐에는 400개가 넘는 협동조합이 있는데, 볼로냐 경제에서 차지하는 비중이 45%나 될 만큼 협동조합은 볼로냐 경제의 중심에 자리잡고 있어. 유럽에서 협동조합이 가장 활발한 곳이 이탈리아인데, 볼로냐는 이탈리아 협동조합의 중심 도시야. 그래서 볼로냐를 '유럽 협동조합의 수도'라고 해.

볼로냐 경제는 크고 작은 협동조합으로 운영되고 있는데, 농업, 유통, 건설, 주택, 출판, 문화 등 모든 분야에 협동조합이 진출해 있지. 그래서 볼로냐는 협동조합만으로 경제 활동이 가능하다는 것을 보여 주었어. 나아가 협동조합이 일반 기업을 대신할 수 있는 새로운 경제적 대안이 될 수 있다는 것도 증명했지.

볼로냐를 대표하는 협동조합으로는 협동조합의 연대 조직인 레가코프 볼로냐를 비롯하여, 대형 마트 협동조합인 이페르콥과 아드리아티카, 와인 협동조합인 리유니트&치브, 감자 양파 협동조합인 코메타, 주택 협동조합인 무리와 콥안살로니, 어린이 연극 협동조합인 바라카, 인쇄 홍보물 협동조합인 키친코프, 노숙인 협동조합인 라스트라다와 라루페……. 우와, 세계적으로 알려진 협동조합만도 이렇게 많다니, 볼로냐를 유럽 협동조합의 수도라고 할 만하지?

그리고 볼로냐는 협동조합끼리의 공동 사업도 활발해. 앞에서 말한 어린이집 만들기 공동 사업인 '카라박 프로젝트'가 대표적인데, 돌봄 서비스 협동조합인 카디아이와 돌체, 급식 협동조합인 캄스트, 건축 협동조합인 치페아, 시설 관리 협동조합인 메누텐코프가 힘을 모았지.

그리고 '리베라 테라 프로젝트'는 유기농 협동조합의 공동 사업인데, '해방된 땅'이라는 뜻을 가진 리베라 테라는 이탈리아 정부가 범죄 조직인 마

피아로부터 몰수한 땅을 이용해서 와인, 파스타, 올리브유 같은 유기농산물을 생산하고 있어.

이렇게 볼로냐는 협동조합 없이는 생각할 수 없는 도시야. 협동조합은 볼로냐의 지역 경제는 물론이고, 볼로냐 시민들의 일상생활에서 실핏줄 같은 역할을 하고 있어. 그래서 볼로냐 시민의 10명 중 7명이 협동조합의 조합원이야.

볼로냐 시민들은 태어나서 죽을 때까지 삶의 모든 것을 협동조합과 같이 하고 있어. 협동조합 회사에서 일하고, 협동조합 마트에서 물건을 사고, 협동조합 은행에서 돈을 빌리고, 아플 때는 협동조합 병원에 가지. 그리고 아이들은 협동조합 유치원에서 뛰어놀고, 집도 협동조합으로 짓고, 연극도 협동조합에서 보고 말이야. 협동조합만 이용해도 모든 생활이 가능하다는 말씀!

볼로냐는 어떻게
유럽 협동조합의 수도가 되었나?

400개의 협동조합으로 운영되는 협동조합의 도시 볼로냐! 볼로냐에서 협동조합이 활발한 이유는 무엇일까? 시민의 70%가 협동조합의 조합원인 볼로냐! 무엇이 사람들에게 협동조합을 선택하게 했을까?

먼저, 볼로냐가 협동조합의 도시가 된 이유 중 하나는 볼로냐 역사 속에 흐르는 평등의 정신 때문이야. 사람들은 흔히 볼로냐를 '붉은 볼로냐'라고 부르는데, 그건 붉은 벽돌 건물이 많기 때문이기도 하지만 정치적 억압에 맞섰던 저항의 역사를 붉은 색으로 표현한 거야.

중세 시대에 대부분 도시는 왕이 다스리는 군주제였고, 왕족이나 귀족이 특권을 누리고 있었어. 하지만 볼로냐는 시민들이 스스로 운영하는 자치 도시였고, 왕족이나 귀족이 없는 평등한 시민들의 도시로 성장했지.

그래서 1800년대 이후 이탈리아가 무솔리니 독재 정권에 억압받거나 독일에 점령되었을 때, 가장 격렬하게 저항했던 도시가 바로 볼로냐였어. 지금도 볼로냐 시청 벽에는 독재 정권에 맞서다 죽은 1천 명의 사진이 걸려 있지.

이렇게 볼로냐는 외부의 억압을 거부하고 평등하게 살아왔고, 이러한 역사적 전통 때문에 사람들 간의 평등을 기초로 하는 협동조합이 강하게 뿌리내릴 수 있었어.

무엇보다, 볼로냐 시민이 협동조합을 선택하게 된 것은 협동조합을 통한 삶의 변화 때문이었어. 1970년대 경제 불황 속에서 가난한 도시로 전락했던 볼로냐는, 협동조합을 통해 생활이 풍요로워지고 사람과 사람 간의 관계도 더 따뜻해진다는 것을 경험했지.

우리나라에서는 자기 지역에서 만든 물건보다 대기업의 물건을 사고, 그

이탈리아의 볼로냐는 '붉은 볼로냐(볼로냐 로싸, Bologna rossa)'라고 부를 만큼, 도시 전체에 붉은 벽돌 건물들이 많아.

래서 그 이익은 고스란히 다른 지역으로 빠져나가지. 그런데 볼로냐는 볼로냐에서 만든 물건을 사고, 여기서 생긴 이익은 다시 볼로냐로 투자된단 말이야. 이익이 외부로 빠져나가지 않고 지역에 재투자되는 협동조합의 방식으로 운영되기 때문이지. 그러니 볼로냐 경제가 성장하고 일자리도 늘어나는 거지.

그리고 이탈리아 정부의 협동조합에 대한 지원도 볼로냐 협동조합의 성장에 도움을 주었지. 이탈리아는 세계에서 협동조합이 가장 발달한 협동조합의 나라야. 7만 개가 넘는 협동조합에다 국민의 절반이 협동조합의 조합원이고, 협동조합이 국가 경제의 50%를 차지하는, 한마디로 '협동조합의 천국'이지.

특히 이탈리아는 헌법에 협동조합에 대한 조항까지 만들었어. 1947년에 만들어진 이탈리아 헌법 45조는 협동조합이 개인이 아니라 사회 전체를 이롭게 한다는 점을 인정하고, 국가는 협동조합을 지원해야 한다고 적고 있어. 우리나라의 헌법이 개인의 재산권을 중요하게 명시하고 있다면, 반대로 이탈리아 헌법은 사회 전체의 이익을 중요하게 명시하고 있지.

이러한 헌법 정신에 입각하여, 이탈리아는 협동조합이 제대로 성장할 수 있도록 뒷받침하고 있어. 모든 협동조합이 3%의 협동 기금을 적립해서 다른 협동조합을 지원하고, 협동조합의 이익은 협동조합 내부에 쓰도록 하고 있지. 그리고 일반 기업과 달리 협동조합에 세금 혜택을 주기도 하고 말이야. 이런 이탈리아의 국가적 지원이 협동조합의 성장에 좋은 환경이 된 것은 당연하겠지!

캐나다의 퀘벡 :
지역 경제를 살린 협동조합

지역 전체가 만들어 가는 퀘벡의 사회적 경제

퀘벡은 캐나다 10개 주 가운데 하나로, 크기는 서울의 2천 배가 넘어. 그러나 인구는 790만 명으로 서울의 1천만 명보다 적지. 퀘벡이 낯선 친구들을 위해 말하자면, 전 세계 1억의 사람들이 본 '태양의 서커스' 공연단이 있는 곳이야.

퀘벡에는 3천300개의 협동조합이 있고, 조합원은 880만 명이 넘어. 퀘벡의 조합원이 퀘벡의 인구보다 많은 것은, 한 사람이 2개 이상 협동조합에 가입했기 때문이야. 거기다 퀘벡의 협동조합이 만드는 일자리는 9만 2천 개나 된다고 해.

특히 퀘벡은 협동조합을 중심으로 지역 연대를 만들고, 이것으로 불황에 빠진 지역 경제를 살려낸 경험으로 유명해졌어. 이렇게 대기업이 아니라 협동조합, 노동조합, 시민 단체가 중심이 되어 지역 사회 전체가 만들어 가는 경제를 '사회적 경제'라고 해.

1980년대 세계적인 불황으로 퀘벡 경제도 심각한 침체에 빠지게 되었어. 퀘벡주 정부는 빚더미에 올라앉았고 기업들이 잇달아 퀘벡을 떠났지. 실업률은 14%까지 치솟았고, 거리에는 실업자가 넘쳐났어. 경기 침체가 아주 심각했던 1995년, 퀘벡의 여성 단체들은 '빵과 장미를 위한 행진'을 벌였어. 빵은 기본적인 생존의 권리를 의미하고 장미는 인간답게 살 권리를 의미하는데, 일자리와 복지를 늘리라는 거야.

그러나 빚더미에 올라앉은 주 정부가 해결할 능력은 없었어. 그리고 대기업에 자금을 몰아줘도 경기가 살아나거나 일자리와 복지 문제가 해결될 거라고 사람들은 믿지 않았어. 이제까지 경제가 어려울 때마다 대기업에 여러 가지 혜택과 자금을 몰아주었지만, 대기업만 잘되지 사람들에게 혜택이 돌아오지는 않았거든.

그래서 퀘벡의 협동조합과 시민 단체들은, 정부도 대기업도 할 수 없다면 우리 스스로 일자리를 만들고 경제를 살리자고 작정했어. 대기업에 기대는 방식이 아니라, 지역의 협동조합과 시민 단체가 스스로 해결하는 방식을 선택한 거야. 그래서 1996년 퀘벡의 협동조합과 노동조합, 여성 단체, 문화 단체, 종교 단체, 환경 단체의 연대 조직인 '샹티에'가 만들어졌어. 샹티에는 프랑스 말로 '작업장'이라는 뜻인데, 퀘벡의 사회적 경제를 대표하는 연합체지.

퀘벡주 정부와 시민 단체들이 일자리와 복지를 위한 방법으로 선택한 것이 바로 협동조합이야. 협동조합을 설립하여 일자리를 만들고 복지 혜택을 늘리고, 이것으로 지역 경제도 다시 살리자고 의견을 모았어. 이 결정에 따라 샹티에를 중심으로 퀘벡주 정부와 시민 단체가 모든 힘을 총동원했지.

그 결과 10년 동안 주택, 복지, 문화 등 다양한 분야에서 1천900개의 기업과 12만 6천 개의 일자리를 만들었어. 결국 대기업에 기대어 경제를 살리는 방식보다, 지역 전체의 힘을 모아 경제를 살리는 방식이 옳았다는 것이 입증된 거지. 이후 퀘벡의 사회적 경제는 새로운 경제 방식으로 세계의 주목을 받게 되었어.

퀘벡의 사회적 경제가 성공한 비결

앞에서 사회적 경제가 지역 사회 전체의 힘을 모아 만들어 가는 경제라고 말했지. 퀘벡의 사회적 경제가 성공한 이유는 바로 지역 연대 조직인 샹티에를 중심으로 퀘벡 시민들의 힘을 모을 수 있었기 때문이야.

먼저, 금융 협동조합인 데자르댕 은행과 퀘벡 노동조합 총연맹은 연대 기금을 만들어 지역 경제에 투자했어. 이 연대 기금이 1천900개의 기업과 12만 6천 개의 일자리를 만들었고, 퀘벡 경제를 살리는 데 결정적인 역할을 한 거지. 사업 자금을 외부에 의존하지 않고 스스로 마련할 수 있었기 때문에, 퀘벡 경제가 성공할 수 있었던 거야.

퀘벡의 협동조합들은 새로운 협동조합과 일자리를 만들어 퀘벡 경제를 살리는 주역이었어. 특히 데자르댕 은행은 연대 기금을 마련한 것 외에도, 퀘벡에서 가장 많은 4만 7천 명의 노동자를 고용한 기업으로 일자리를 만드는 데에 앞장섰지.

그리고 지역 개발 협동조합은 매년 15개 협동조합을 만들고, 협동조합들이 겪는 크고 작은 문제를 해결하는 데 도움을 주었어.

그리고 퀘벡 경제를 살리는 데 퀘벡주 정부의 역할도 빼놓을 수 없지. 퀘벡주 정부는 다양한 제도와 정책으로 협동조합을 지원했어. 퀘벡주 정부가

대기업이 아니라 협동조합을 지원했던 것은, 협동조합이 일자리를 늘리고 경제를 살리는 가장 효과적인 방법이었기 때문이야.

그런데 퀘벡주 정부의 정말 훌륭한 점은 협동조합을 지원하는 방식이야. "지원은 하지만 간섭은 하지 않는다."는 원칙을 지켜 왔거든. 보통 시민 단체가 정부의 지원을 받게 되면 간섭받는 것은 어쩔 수 없었지. 그러나 퀘벡주 정부는 정책과 자금, 세금 혜택을 지원하지만, 협동조합의 운영에는 절대 간섭하지 않았어. 오히려 주 정부의 정책도 가능하면 협동조합이 직접 실행하도록 했어.

주 정부가 협동조합에 간섭하지 않았던 것은, 정부의 간섭이 협동조합의 성장을 방해할 것이라고 생각했기 때문이야. 그렇게 되면 애초의 목적인 일자리 마련이나 지역 경제를 살리는 것도 달성할 수가 없잖아. 그래서 퀘벡에 '시민들이 주도하고, 주 정부가 지원하는 건강한 연대'가 만들어졌고, 이제 이 연대는 협동조합 도시의 훌륭한 모델이 되고 있어.

한국의 원주 :
우리나라 협동조합의 희망

작은 탄광촌에서
우리나라 협동조합의 희망으로!

유럽과 아메리카, 아시아 등 세계의 여러 협동조합을 둘러보고서, 마지막으로 도착한 곳은 바로 우리나라의 강원도에 있는 원주야. 이탈리아에 볼로냐가 있고 캐나다에 퀘벡이 있다면, 우리나라에는 원주가 있어.

원주의 협동조합은 세계적으로 알려진 볼로냐나 퀘벡에 비하면 아직 어린아이 단계야. 그렇지만 원주는 시작 단계에 있는 우리나라 협동조합의 희망이야. 협동조합으로 보다 좋은 세상을 만들려는 사람들에게 원주는 등불이고, 협동조합으로 도시를 건설하려는 도시들에게 원주는 좋은 모델이지. '협동조합 도시'를 목표로 전주와 수원이 따르고 있고, 서울과 광주는 지방 정부 차원에서 협동조합을 적극 지원하고 있어. 매년 1천 명이 넘는 사람들이 원주를 찾고 있어서, 원주 협동조합을 안내하고 설명하는 '협동조합 해설사'를 따로 둘 정도라고 해!

원주에 사는 32만 명 중에 3만 5천 명이 협동조합에 가입해 있는데, 원주 시민의 10명 중 1명이 협동조합의 조합원인 셈이지. 원주는 한두 개의 협동조합을 운영하는 것을 넘어서, 협동조합으로 도시 전체를 바꾸고 있어. '원주 협동사회경제 네트워크'라는 연대 조직을 중심으로 24개의 협동조합이 연결되어 있지. 네트워크란 그물망을 뜻하는 말인데, 원주 곳곳에 있는 협동조합을 하나의 그물처럼 연결하고 있어.

원주 협동조합의 역사는 40년 전인 1970년대 독재 정권에 맞서 민주화 운동에 앞장섰던 지학순 신부와 장일순 선생으로부터 시작되었어. 작은 탄광촌이었던 원주는 가난했고, 지역의 대부분을 차지하는 탄광 노동자들과 농민들은 높은 이자를 내는 고리대금에 허덕이고 있었어. 고리대금에서 지역 주민들을 보호하기 위해, 지학순 신부와 장일순 선생은 35명의 조합원과 함께 1972년 협동조합 은행인 밝음 신협을 만들었어. 그리고 1985년에는 국내 최초의 소비자 협동조합인 한살림 생협이 만들어졌어.

1990년대 후반 경제 위기를 지나면서, 원주에도 경기 침체와 실업 문제처럼 하나의 협동조합으로는 해결할 수 없는 문제들이 생겨나기 시작했어. 이러한 지역 문제를 해결하기 위해서 협동조합들은 힘을 모아야 했지. 그래서 2003년 8개의 협동조합이 뭉쳤고, 원주 협동사회경제 네트워크가 탄생했어.

이후 원주의 협동조합은 원주를 협동조합의 도시로 만들기 위해, '협동조합들의 협동'과 '지역 사회를 위한 사업'이라는 두 가지 전략으로 사업을 펼쳤어. 이제 이 두 가지 전략을 통해 협동조합이 어떻게 원주를 바꾸었는지, 그리고 그 과정에서 협동조합은 어떻게 튼튼해졌는지 살펴보자!

원주 협동조합의 첫 번째 전략
'협동조합들의 협동'

협동조합의 도시를 목표로 원주의 협동조합이 선택한 첫 번째 전략은 협동조합들의 협동이야. 먼저 만들어진 협동조합은 새로운 협동조합을 만드는 데 앞장섰고, 협동조합들의 공동 사업으로 서로가 서로를 도왔어.

먼저 만들어진 밝음 신협과 한살림 생협은 원주 생협 등 7개 협동조합과 함께 자금을 모아 2002년 병원 협동조합인 원주 의료 생협을 만들었어. 이전에도 협동조합 간의 협력이 필요하다고 느꼈지만, 의사소통을 하거나 공동 행동을 하는 것은 쉽지 않았어. 그러던 것이 의료 생협을 함께 만들고 운영하면서 협동조합들이 서로 소통하기 시작했고, 바로 이러한 경험이 원주 협동사회경제 네트워크를 만들게 되었지.

그리고 원주 자활센터는 친환경 떡을 만드는 행복한 시루봉과 건축 협동조합인 노나메기가 탄생하는 데 결정적인 역할을 했어. 행복한 시루봉에서 떡을 만드는 데 필요한 쌀, 잡곡은 생산자 조합이 제공하고, 만들어진 떡은 소비자 조합의 매장에서 팔아 주었지. 건축 협동조합인 노나메기 사업의 80%가 원주의 협동조합들에게 받은 일거리야.

이 밖에 공동육아 협동조합인 소꿉마당은 원주 생협과 한살림 생협의 지원을 받아 친환경 급식 체계를 짤 수 있었어. 또한 누리 협동조합과 갈거리 협동조합은 빈곤층과 노숙인을 대상으로 대출 사업을 하는 원주에만 있는 독특한 은행인데, 처음 협동조합을 시작할 때 밝음 신협에서 사업의 길을 터 주었지.

2012년부터 원주의 협동조합은 매년 이익금 5%를 모아 협동 기금을 조성하고 있어. 새로운 협동조합을 만들고 이웃 협동조합이 어려울 때 도와 주기 위해서야. 그래서 원주 생명농업처럼 직원이 4명이고 매출이 작은 기업도 걱정할 필요가 없어. 원주의 협동조합 전체가 하나의 조직이기 때문에, 어려움이 생기면 언제든지 이웃 협동조합에서 도움을 받을 수 있으니까 말이야.

이렇게 원주의 협동조합이 협동조합 사이의 협동을 중요하게 생각하는 것은, 이를 통해 협동조합이 더 단단해지기 때문이야. 원주의 협동조합들이 하나로 연결될 때, 협동조합이 만들어 낸 이익들이 외부의 대기업으로 가지 않고 협동조합 내부에 쌓이게 되거든.

원주 협동조합의 두 번째 전략
'지역 사회를 위한 사업'

협동조합의 도시를 목표로 하는 원주 협동조합의 두 번째 전략은 지역 사회를 위한 사업이야. 원주의 협동조합은 지역에 필요한 물건과 서비스를

원주 한살림 생협은 우리나라 최초의 소비자 협동조합이야. 지금 전국적으로 퍼져 있는 한살림 생협이 바로 원주 한살림 생협으로부터 시작되었어.

제공하고, 그 과정에서 지역 주민들은 자연스럽게 협동조합을 경험하게 되었지. 이러한 경험으로 지역 주민들은 협동조합을 신뢰하게 되고, 이후에 조합원으로 가입하게 되었지.

 원주의 협동조합이 처음으로 지역 주민들의 믿음을 얻게 된 것은 1972년 원주에 큰 홍수가 났을 때였어. 이때 밝음 신협은 수재민을 돕기 위한 성금을 투명하고 민주적으로 관리했고, 그때부터 지역 주민들은 협동조합을 신뢰하게 되었지. 지역 주민들 사이에 생긴 밝음 신협에 대한 신뢰를 바탕으로, 국내 최초의 소비자 협동조합인 원주 한살림 생협과 생산자 협동조합인 원주 생협이 만들어지게 되었어.

　병원 협동조합인 원주 의료 생협은 수익이 안 나서 일반 병원들이 외면하는 일을 하거나, 주로 가난한 사람들을 치료하는 일을 해. 어려운 가정을 방문하여 진료하고, 가난한 아이들을 위한 아동 센터와 당뇨병·고혈압 환자를 위한 건강 교실도 운영하고 있어. 이뿐 아니라 형편이 어려운 120가구의 집을 수리해 주기도 했다고 하니, 원주 의료 생협은 그냥 병원이 아니지?

　그리고 원주의 협동조합은 정부에서 하지 못하는 사회 복지 분야까지 사업을 넓혀 가고 있어. 예를 들어 노인들로 구성된, 전국에 하나뿐인 원주 노인 생협은 지역 학교에 청소 서비스를 하고 학교 식당을 운영하지. 노숙인들로 구성된 갈거리 협동조합은 노숙인을 대상으로 소액 대출 사업을 하고 있어. 협동조합이 아니라면, 노인들에게 일자리를 주거나 노숙인들에게 돈을 빌려주는 것은 정말 어려운 일일 거야.

　여기에다 원주의 협동조합은 유기농산물 직접 거래를 통한 '밥상 살리기 운동'과, 유전자 변형 식품을 반대하고 지역 농산물을 이용하도록 하는 '로컬푸드(Local Food) 운동'을 벌였어. 지역 농산물을 학교 급식에 우선적으로 쓰자는 주장은 지역 주민들에게 큰 호응을 불러일으켰어.

　그래서 2005년에는 원주의 시민 단체들과 협력하여 원주시에 '학교 급식 조례'를 통과시켜, 원주 지역의 유치원, 초등학교에 원주에서 생산하는 유기농 쌀을 공급하게 되었어.

더 나아가, 원주의 협동조합은 원주의 시민 단체 연대 조직에 가입하여 원주 지역에 중요한 문제들이 생길 때마다 앞장섰어. 2005년 원주에 도박 사업인 화상 경마장이 들어서려고 하자, 원주의 협동조합은 시민 단체들과

206 둥글둥글 지구촌 협동조합 이야기

연대하여 오랜 싸움 끝에 결국 막아 냈지. 이 밖에도 원주의 협동조합은 재개발 반대, 원주시 예산 감시 같은 지역 문제들에도 시민 단체들과 적극적으로 연대하고 있어.

이렇게 원주의 협동조합이 단지 협동조합의 사업에만 머물지 않고 지역 주민들과 함께하려는 이유는, 원주 전체를 협동조합의 도시로 만들려는 꿈 때문이야. 원주 전체가 협동조합으로 운영될 때, 원주의 지역 경제가 만들어 낸 이익이 대기업이나 외부로 빠져나가지 않고 원주의 지역 주민들에게 돌아오기 때문이지. 그래서 협동조합의 발전이 지역 주민들의 행복으로 돌아오는 아름다운 꿈이 바로 협동조합의 도시야.

지금까지 세계 여러 나라의 협동조합을 둘러보고, 우리나라의 원주 협동조합까지 왔어. 낯설게만 느껴졌던 협동조합이 이제 조금 가까워졌을 거라고 생각해. 마지막으로 협동조합이 우리에게 전하는 중요한 말을 들어보자.

먼저 협동조합은 완전하고 항상 옳은 것일까? 그렇지는 않아. 협동조합은 완전하지 않고, 항상 옳은 것도 아니야. 모든 협동조합은 조금씩 부족한 점이 있고, 때로 잘못된 길로 가기도 해. 협동조합마다 부족한 점과 잘못된 길이 다를 뿐이야. 사실 그 부족한 점과 잘못된 길이 그 협동조합을 특별하게 만드는 거지. 애초에 완전한 협동조합, 올바른 협동조합은 없는 것일지도 몰라. 그래서 완전한 협동조합, 올바른 협동조합을 만들려고 하지 말고, 자기 나라에 맞는 협동조합, 우리 조합원에게 맞는 협동조합을 찾아야 한다는 거야.

그리고 협동조합이라는 이름만 가지면 좋은 협동조합이 되는 걸까? 좋은 협동조합을 만드는 것은 협동조합이라는 '이름'이 아니라, 협동조합의 '정신'이야. 세계의 협동조합은 저마다 다르지만, 모두 협동조합 정신을 중요하게 생각해. 협동조합은 돈을 버는 기업이지만, 돈이 목적이 아니라 '사람의 행복한 삶'이 목적이라는 것! 협동조합은 사업을 하지만, 다른 기업과 경쟁하는 방식이 아니라 '협동하는 방식'으로 사업을 한다는 것! 이런 정신을 잃어버리는 순간 협동조합은 이름만 남게 되겠지. 그래서 협동조합은 협동조합 정신을 실천하려는 노력을 계속해야 한다는 거야.

이제 협동조합은 우리에게 이런 질문을 던지고 있어. 우리는 나의 생각이 아니라, 다른 사람의 시선에 따라 살아가는 것은 아닐까? 좋은 대학, 좋은 직장에 가서 '돈을 많이 버는 것'을 목적으로 할 때, 진정한 행복일 수 있을까? 또 우리가 잘살기 위해서는, 다른 사람과 '경쟁에서 이기는 방법' 밖에는 없을까? 다른 사람과 다른 나의 특별함을 아는 것, 나만의 행복이 아니라 우리의 행복을 생각하는 것, 혼자 이기는 것이 아니라 모두가 이기는 길을 찾는 것! 우리의 해답은 거기에서 시작되는 게 아닐까?

도움을 받은 **자료**들

도서

《협동조합, 참 좋다》 김현대, 하종란, 차형석 지음 | 푸른지식 펴냄
《협동조합으로 기업하라》 스테파노 자마니, 베라 자마니 지음 | 송성호 옮김 | 북돋움 펴냄
《협동의 경제학》 정태인, 이수연 지음 | 레디앙 펴냄
《협동조합의 오래된 미래 선구자들》 윤형근 지음 | 그물코 펴냄
《협동조합 운영 사례집》 서울특별시 지음 | 서울특별시 펴냄
《아름다운 협동조합 만들기》 기획재정부 지음 | 기획재정부 펴냄
《협동조합 도시》 김현대 지음 | 한울아카데미 펴냄
《몬드라곤의 기적》 김성오 지음 | 역사비평사 펴냄
《몬드라곤에서 배우자》 윌리엄 F. 화이트, 캐서링 K. 화이트 지음 | 김성오 옮김 | 역사비평사 펴냄
《문화예술 분야 협동조합 제도 도입을 위한 기초연구》 허은영 지음 | 한국문화관광연구원 펴냄

자료

〈자본주의 위기의 대안 협동조합으로 기업하기〉 김현대 (한겨레 경제연구소)
〈경제위기와 협동조합 사업모형의 강점〉 국제노동기구 (ILO) | 박언희 옮김 (농업경제연구소)
〈협동조합운동의 개념과 의미, 역사, 현황 그리고 각국의 사례〉 정원각 (iCOOP생협연구소)
〈글로벌 300 보고서〉 국제협동조합연맹 (ICA)
〈세계협동조합의 최근 현황과 주요 특징〉 장종익 (연세대학교 경제연구소)
〈레이들로 보고서〉 A.F. 레이들로 | 김동희 역 (한국협동조합연구소)
〈협동적 노동자소유에 대한 세계선언〉 세계노동자협동조합 (CICOPA)
〈협동조합은 오늘의 대안일 수 있는가? 일본 '워커즈 코프'의 경험에서〉 오카야스 기사부로 (일본 협동총합연구소)
〈협동조합 10년을 위한 청사진〉 클리프 밀스, 윌 데이비스 (국제협동조합연맹 ICA)
〈2012년 성미산마을 조사연구보고서〉 사람과 마을 (성미산공동체)
〈문화예술분야 협동조합 심포지엄〉 문화체육관광부 예술경영지원센터

인터넷 사이트

2012 세계 협동조합의 해 공식사이트 social.un.org/coopsyear
영국의 로치데일 중앙도서관 rochdaleliteraturefestival.co.uk
미국의 썬키스트 협동조합 www.sunkist.com
뉴질랜드의 제스프리 협동조합 www.sunkist.com
인도의 아물 협동조합 www.amul.com
스페인의 몬드라곤 협동조합 www.mondragon-corporation.com
이탈리아의 캄스트 협동조합 www.camst.it
스위스의 미그로 협동조합 www.migros.ch
이탈리아의 콥이탈리아 www.e-coop.it
캐나다의 MEC 협동조합 www.mec.ca
네덜란드의 라보 은행 www.rabobank.com

방글라데시의 그라민 은행 www.grameen-info.org
이탈리아의 카디아이 협동조합 www.cadiai.it
덴마크의 코펜하겐 벌꿀 협동조합 www.bybi.dk
한국의 성미산 어린이집 www.sungmisankids.net
이탈리아의 무리 협동조합 www.cooperativa-murri.it
덴마크의 비도우레 협동조합 www.hvidovrevindmollelaug.dk
이탈리아의 바라카 협동조합 www.testoniragazzi.it
스페인의 FC바르셀로나 협동조합 www.fcbarcelona.com
미국의 AP통신 협동조합 www.ap.org
캐나다 퀘백의 샹티에 사회적 경제 www.chantier.qc.ca
한국의 원주 협동조합운동협의회 www.wjcoop.or.kr